W0342244

UMAMI

HEIKO ANTONIEWICZ

TRETORRI

INHALT

Heiko Antoniewicz

VORWORT

UMAMI

WISSEN UM GESCHMACK UND ATMOSPHÄRE

Ein Kochbuch zum Thema Umami? Unbedingt! Denn im Laufe der letzten Jahre haben wir nicht nur eine Menge über Umami gelernt, in vielen Punkten haben wir einfach festgestellt, dass wir hier noch am Beginn einer Entwicklung stehen. Dies ist allerdings nur auf den ersten Blick verblüffend, denn lange hat man in Umami kein eigenes kulinarisches Thema gesehen. Es ist also an der Zeit, sich diesem fünften Geschmack zuzuwenden, um zu sehen, welches Potenzial in ihm steckt. Dabei ist es überraschend, wie viele Möglichkeiten die Beschäftigung mit Umami eröffnet. Schon lange ist klar, dass ein einzelner Geschmack nicht so aufregend ist. Daher sollte man immer unterschiedliche Geschmacksakzente kombinieren. Umami als reine Geschmacksbombe verstanden, wird schnell langweilig und fad. Wenn man nun aber davon ausgeht, dass es nicht um vier, sondern um fünf Geschmacksrichtungen geht, die man in eine harmonische und zugleich spannende Verbindung bringen kann, entstehen Ideen, die schnell auch die gewohnten Geschmacksbilder von klassischen Vor- oder Hauptspeisen sowie Desserts verändern. In diesem Sinne verstehe ich dieses Buch als eine Einladung, sich dem Thema Umami zuzuwenden und eigene Ideen zu entwickeln. Denn es gibt viele gute Wege, in der Küche Umami zur Anwendung zu bringen.

KOCHTECHNIKEN

Durch die Arbeit an den Rezepten für dieses Buch ist Umami für uns zu einem umfassenden Begriff gewachsen. Denn der durch Umami bezeichnete Wohlgeschmack entsteht in der Regel aufgrund unterschiedlicher Kochtechniken. Genau genommen geht es dabei um alle Zubereitungsarten – Trocknen, Fermentieren, Kochen – die in der Lage sind, einen Umami-Geschmack zu erzeugen. Vielleicht ist es gerade diesem Umstand geschuldet, dass wir gelernt haben, nach spezifischen Regeln zu kochen und dabei gleichzeitig vergessen haben, dass der Wohlgeschmack durch das Kochen entsteht und für uns zu einem eigenständigen Geschmackssinn geworden ist. Bei Umami denkt man zunächst gerne an asiatische Fischsaucen, vergisst dabei aber die europäische Kochtradition. Schon die Römer entwickelten mit ihrem Garum eine Würzsauce mit Umami-Potenzial. Es handelt sich bei Garum um eine vergorene Fischsauce, die oft mit Wein, Essig, Öl oder Wasser gemischt wurde, um alle erdenklichen Speisen direkt bei Tisch zu würzen. Seither ist die Kochgeschichte, dort wo sie nicht einfach nur Hunger vertreiben sollte, auch eine Geschichte des Geschmacks. Viele Zubereitungsarten, wie die eines Sauerteigbrotes verweisen darauf, dass unsere Vorfahren immer schon darauf geachtet haben, Lebensmittel durch Reifung und Fermentation in etwas Geschmackvolles zu verwandeln. Dabei braucht man nur an Kapern oder Oliven zu denken. Mittlerweile haben wir grünen Tee schon als Gewürz entdeckt und sind gerade dabei, den

Kaffee ebenfalls zum Würzen zum Einsatz zu bringen. Hierbei gezielt getrocknete und fermentierte Produkte mit anderen Lebensmitteln am Herd zusammenzubringen, um filigrane, harmonische und zugleich geschmackvolle Ergebnisse zu erhalten, ist – wie wir finden – eine gute Gelegenheit, um die Möglichkeiten, die Umami uns bietet, anzudeuten.

ÜBERSETZUNG

Umami klingt wie ein fremdes Wort für einen bekannten Geschmack. Aber wir denken, dieser Begriff sollte nicht übersetzt, sondern mit persönlichen Erfahrungen gefüllt und damit praktisch übersetzt werden. Denn auch wenn uns dieser fünfte Geschmack oft noch gar nicht bewusst ist, er ist uns von Beginn unseres Lebens an bekannt. Die Muttermilch ist mit einem starken Umami-Geschmack versehen, ebenso viele Lebensmittel, die wir regelmäßig in der Küche zum Einsatz bringen, wie getrocknete Steinpilze, Parmesankäse oder getrocknete Tomaten. Bezeichnet wird mit Umami der Wohlgeschmack, die Mundfülle oder einfach ein guter Geschmack. Essen ist Veränderung. Die Herstellung, die Beförderung, der Einkauf und die Zubereitung der Lebensmittel sind Stufen dieses Prozesses, der im besten Fall zu einem vollmundigen, nachhaltig in Erinnerung bleibenden Genuss führt. Um dies zu erreichen, haben unsere Vorfahren nicht nur nach exotischen Gewürzen gegriffen, sondern immer schon Fermentationsprozesse in Gang gesetzt. Bier, Wein und Pfeffer sind Ergebnisse dieser Prozesse ebenso wie Brot oder Käse.

Auch wenn wir vielleicht von Umami noch kein klares Verständnis haben, haben wir alle ein klares Verständnis davon, was uns gut schmeckt. Und als Koch bin ich jeden Tag auf der Suche nach gutem Geschmack und danach, guten Geschmack weiter zu verfeinern und bin gleichzeitig bestrebt, mein Wissen durch meine Seminare und Bücher zu vermitteln. Mit dem Begriff Umami machen wir uns jetzt bewusst Gedanken darüber, wie wir diesen Wohlgeschmack formen und ihm Gestalt geben können. Dabei gewinnt man eine Menge, wenn man Umami als eigenständigen Geschmack versteht, denn Umami ist ein wunderbarer Teamplayer, er kann Gerichte und typische Aromenbilder akzentuieren sowie für Abwechslung auf der Zunge sorgen.

Aber noch eine weitere Überlegung bringt mich dazu, von Umami und keiner anderen Übersetzung des Begriffs zu sprechen. Denn Kochen selbst ist ja eine Übersetzungsleistung. Kochen verwandelt Ideen und Lebensmittel in Gerichte auf den Tellern. Dabei muss Kochen an Bekanntes anschließen, um die Gäste nicht unsicher werden zu lassen, und Kochen sollte immer wieder für Überraschungen sorgen, um die Aufmerksamkeit der Esser zu wecken. Es geht beim Kochen natürlich stets darum, einen guten Geschmack zu erzielen. Überlegte Kombinationen aus erstklassigen Zutaten bilden dafür die Grundlage, Zubereitung und Gewürze die Möglichkeit, ein abwechslungsreiches Gericht oder Menü zubereiten zu können. Und stets war das Kochen eine Vermischung von Bekanntem und Unbekanntem. Die heimischen Zutaten wurden immer schon gerne mit exotischen Gewürzen abgeschmeckt, denn Geschmack darf nicht langweilig werden. Wenn man so möchte, ist Kochen eine Übersetzungsleistung, basierend auf den klaren Geschmacksbildern, mit dem Ziel einen Wohlgeschmack beim Esser zu erzeugen. Nur kann man jetzt weiter gehen und alte Muster verlassen. Warum also nicht einmal Tomaten im Dessert verarbeiten?

VERSCHLANKUNG

Umami lässt uns über Grundlagen des Kochens nachdenken. Wie bereite ich einen Fond zu? Was brauche ich dafür? Die Beschäftigung mit Umami hat uns dazu gebracht einen Fond mittlerweile nur noch aus drei Zutaten zuzubereiten: Wasser, das entsprechende Lebensmittel und Sojasauce. Nichts weiter, denn das Ergebnis überzeugt in Schlichtheit und Geschmacksfülle. Der Fond ist fertig, wenn die Lebensmittel, also zum Beispiel die Hühnerflügel für einen Hühnerfond, gar gezogen sind. Kräuter, Gemüse, Gewürze gelangen auf andere Art zur Anwendung, zugleich werden Arbeitsprozesse in der Küche vereinfacht. Hier erhalte ich aus wenigen Zutaten grandiosen Geschmack. Parallel zu diesen Erfahrungen haben wir uns Gedanken darüber gemacht, wie wir zur weiteren Verschlankung der Arbeitsprozesse natürliches Umami-Potenzial nutzen können. Zum einen entwickelten wir unsere Tomatenseren Push und Umami, zum anderen unseren eigenen, stark konzentrierten Rindfleischextrakt. Auf diese Weise haben wir nicht nur die Kontrolle über die Zubereitung, sondern auch über die natürlichen Zutaten. Im Ergebnis entstehen Produkte, die den Eigengeschmack der Gerichte potenzieren und für unsere Idee von Umami stehen: natürliche Produkte, die in der Küche täglich verwendet werden können und den Einsatz von Salz reduzieren.

REZEPTE

Die für dieses Buch entwickelten Rezepte sind nach ihrem Umami-Gehalt von I-V unterteilt. Auch wenn es im V. Kapitel teilweise intensive Aromen gibt, haben wir Wert auf die Harmonie der Aromen gelegt, so hält jedes Rezept einen geschmacklichen Spannungsbogen und teilweise auch überraschende Elemente bereit. Dazu haben wir nicht nur unterschiedlichste Lebensmittel versammelt, die ein bekanntes Umami-Potenzial besitzen, sondern auch für uns alltägliche Lebensmittel, deren Umami-Potenzial wir erst noch in der Küchenpraxis entwickeln müssen: Jakobsmuscheln, Erbsen, Blumenkohl – hier ist es eine Frage der Zubereitung, ob wir das in ihnen schlummernde Umami-Potenzial besser nutzen wollen. Wichtig bei allen Rezepten – und das mag vielleicht auf den ersten Blick überraschen, erinnert es doch eher an die Parfümerie als an die Küche – ist das Zusammenfügen von Kopf-, Herz- und Basisnoten – daher haben wir auch immer wieder florale Zutaten in den Rezepten – Zitrusfrüchte, Lavendel, Kastanienblüte, aber auch Brombeerblätter, um an dieser Stelle nur eine kleine Auswahl zu nennen. Eine solche Kombination ist wichtig, will man Umami vielschichtig und filigran auf die Teller bringen.

ATMOSPHÄRE

Geschmack entsteht nicht nur am Gaumen und setzt sich nicht nur durch Optik und Geruch zusammen. An dieser Stelle verweise ich gerne auf Charles Spence. Der in Oxford lehrende Psychologe ist einer der weltweit führenden Experten für multisensorische Wahrnehmung. Im Bereich der Kulinaristik arbeitet er mit Köchen wie Heston Blumenthal oder Ferran Adrià zusammen, um herauszufinden, wie man den Geschmack auch am heimischen Herd verbessern kann. Spence kam eher zufällig zu seiner Spezifikation, denn zunächst forschte er wie seine Kollegen an den sogenannten höheren Sinnen, bevor er erkannte, wie zentral Essen und Geschmack für unser tägliches Leben sind. Dabei stellte er schnell fest, dass der Geruch das wesentliche Element des Geschmacks ist. Der Geschmack von Erdbeeren mit

Vanille beginnt in dem Moment in uns zu arbeiten, wenn uns der Geruch dieser Speise erreicht. Ähnlich verhält es sich mit dem Geschmack von Karamell, der schon entsteht, wenn wir den Geruch wahrnehmen. Dabei ist die Süße, die wir bei Karamell riechen, nicht natürlich, sondern kulturell vermittelt. Asiaten etwa nehmen nicht die Süße war, sondern eher den Umami-Geschmack, da sie es gewohnt sind, karamellige Noten nicht in süßen, sondern in herzhaften Speisen vorzufinden. Der beste Geschmack nutzt nichts, wenn die Menschen sich nicht darauf einlassen können. Auch hier sind Set und Setting wichtige Parameter, um den Gästen ein angenehmes Gefühl überhaupt vermitteln zu können. Daher kommt es auf eine Umgebung an, welche die Gäste aus ihrem Alltag abholt, in der sie sich schon vor dem Essen wohlfühlen können. Denn kulinarisches Vergnügen entsteht zunächst im Kopf, dann erst im Mund.

Aber auch an diesem Beispiel sieht man: Schmecken und Genießen leben von der Praxis und den daraus gewonnen Erfahrungen. Insofern ist dieses Buch eine Einladung, neu über das Kochen, über das Schmecken und über das Genießen nachzudenken, um den fünften Geschmack neu zu entdecken. Daher der schlichte Titel: Umami.

Heiko Antoniewicz

EINLEITUNG

DIE ZWEI GABEN DER ZUNGE

Von Dr. Nikolai Wojtko

SCHMECKEN UND SPRECHEN BILDEN EINEN ZUSAMMENHANG. VON DER SYNTHESE DES GESCHMACKS UND DER ANALYSE DURCH WORTE

Geschmack ist sicherlich der menschliche Sinn, dessen evolutionäre Bedeutung heute kaum noch gewusst, geschweige denn gewürdigt wird. Dabei ist der Geschmack für unsere Vorfahren überlebensnotwenig gewesen. Neben dem Geruch lieferte der Geschmack eindeutige Warnhinweise vor giftiger oder verdorbener Nahrung. Heute, in Zeiten der Kühlketten und der Mindesthaltbarkeitsdaten ist der Geschmack zwar weniger überlebensnotwendig, aber er kann immer wieder individuell darauf verweisen, wie tief er im menschlichen Gehirn verankert ist: Geschmackliche Sensationen bleiben uns lange in Erinnerung, prägende Geschmackserlebnisse meistens unser ganzes Leben.

Die Geschichte der Menschheit ist eine Geschichte des Kochens. Denn erst das Vermögen zu Kochen erhob unsere Vorfahren aus dem Kreis der Natur und begründete die menschliche Kultur. Im Unterschied zu allen Tieren sind wir Menschen nicht nur in der Lage, das Feuer zu beherrschen, sondern es auch zu nutzen. Durch das Kochen wurden Lebensmittel länger haltbar und verdaulicher. Der Speiseplan erweiterte sich, viele der heute sogenannten Grundnahrungsmittel wären ungekocht für uns nicht genießbar. Durch das durch den Kochprozess verursachte Aufbrechen der Proteinketten wurde die Nahrung zarter. Der Kauapparat verlor an bissfester Bedeutung, konnte sich über die Jahrhunderte verkleinern und im Unterschied zu den Primaten wurden unsere Vorfahren in die Lage versetzt, eine artikulierte Sprache zu entwickeln. Darüber hinaus wurde die gekochte Nahrung energiereicher und dank des sichergestellten Nahrungsangebotes konnte sich das Gehirn unserer Vorfahren im Unterschied zu dem der Primaten vergrößern. Das Kochen lieferte also die entscheidenden natürlichen und kulturellen Anstöße auf dem Weg der Menschwerdung: Die Nahrungsaufnahme war nicht mehr lebensfüllend, so konnte mit der zunehmenden Ausdifferenzierung der Sprache der Bereich der Kultur begründet werden. Fortan entwickelte die Zunge, neben ihrem natürlichen Vermögen zu schmecken, die kulturell bedingte Kunst des Sprechens. Bis heute sind diese beiden Vermögen der Zunge getrennt miteinander verbunden. Entweder schmeckt unsere Zunge oder sie formt Laute zu einer Sprache.

Auch wenn sich die Kochtechniken im Laufe der Jahrtausende verfeinerten und sich überall auf dem Erdball den klimatischen Bedingungen und vorhandenen Lebensmitteln anpassten, kann man doch eine Gemeinsamkeit feststellen: Die Kochprozesse in ihren unterschiedlichen Ausprägungen, sei es auf offener Flamme, in erhitzten Flüssigkeiten, durch Trocknung oder

Fermentation, produzieren neben den mehr oder weniger stark konservierenden Aspekten und der akzentuierten Ausprägung von Aromen eine weitere Gemeinsamkeit, die anscheinend so selbstverständlich ist, dass sie gerne übersehen wird: Umami.

Im Gespräch mit Heiko Antoniewicz erwähnt der Molekularbiologe Michael Podvinec fast nebenbei einen für das Thema Umami entscheidenden Punkt. Er stellt fest, dass es sich bei Umami um einen Geschmack handelt, den wir bisher eher nebenbei und intuitiv behandelt haben. Nun aber geht es darum, dass wir uns darüber klar werden, wie Wohlgeschmack funktioniert. Er spricht dabei sehr treffend von einer kulinarischen Bewusstwerdung (s. Interview S. 13 ff). Als Köche oder vom Kochen Begeisterte haben wir gelernt, wie Abläufe in der Küche funktionieren, wir haben gelernt, welche Kombinationen an Lebensmitteln zu einem geschmackvollen Ergebnis führen. Aber selten haben wir uns die Frage gestellt, was den Wohlgeschmack des Essens ausmacht. Wie ist er definiert? Wir wissen, was wir benötigen, um Wohlgeschmack zu erzeugen. Aber gibt es auch andere Wege, ihn zu erzielen? Können wir auf kalorienreiche Zutaten verzichten, ohne dass die Mahlzeit an Wohlgeschmack einbüßt? Unsere Essgewohnheiten ändern sich. Im Hinblick auf die Küche von Morgen kann die Beschäftigung mit dem Thema Umami zu einem entscheidenden Schlüssel werden.

Auch wenn wir mit dem Begriff Umami zunächst Miso oder Soja assoziieren, können wir durchaus an unsere kulinarischen Wurzeln denken. Lange geschmorte Fleischstücke, Parmesan oder Steinpilzrisotto, wir alle wissen, was uns schmeckt und vielleicht haben wir daher vergessen, dass Umami eine eigenständige Geschmacksrichtung darstellt. Die anderen Geschmacksrichtungen süß, sauer, bitter und salzig sind uns derart präsent, dass wir den Wohlgeschmack eher als Mischung dieser Geschmacksrichtungen interpretieren. Zu Unrecht, denn dieser fünfte Geschmack ist evolutionär ebenso tief in uns verankert wie die anderen Geschmäcker. Nicht nur die Muttermilch – als erste Umamiquelle, mit der wir in Berührung kommen –, jeder Umamigeschmack deutet auf eine proteinreiche Nahrung hin, die wir als Energiequelle für uns, besonders aber zum Knochen- und Muskelaufbau sowie für unser Gehirn benötigen.

In diesem Zusammenhang ist es eine bezeichnende Sache, dass es kein Koch, sondern ein Naturwissenschaftler, der japanische Chemiker Kikunae Ikeda war, der den Wohlgeschmack erforschte, um ihn zu analysieren. Seine Geschichte ist bekannt. 1908 isolierte er aus Kombu kristallines Mononatriumglutamat und bewies dessen geschmacksverstärkende Wirkung, die er Umami nannte. Das Wort Umami musste er selbst erst bilden. Er setzte es aus »köstlich« und »Geschmack« zusammen. Umami ist also ein Wort, das erst durch Ikeda in die japanische Sprache eingeführt wurde. Auch Japaner mussten vor etwas mehr als einhundert Jahren dieses neue Wort lernen und wenn man so möchte – essend mit Geschmackserfahrung füllen. Sehr wahrscheinlich geht es uns auch so, denn auch wir müssen erst einmal verstehen, worum es sich bei Umami wirklich handelt. Sicherlich hat die industrielle Gewinnung des Mononatriumglutamats selbst dazu beigetragen, dass wir in westlichen Ländern lange Zeit nichts von Umami wissen wollten. Während das Pulver in Japan zunehmend in den Küchen Verwendung fand, wurde hier über das China-Restaurant-Syndrom gerätselt (s. Interview, S. 13 ff). Auch wenn nie ein Zusammenhang von körperlichen Beschwerden mit dem Genuss von Mononatriumglutamat nachgewiesen werden konnte, hielt sich das Vorurteil so langlebig wie die Verteufelung der industriell hergestellten Geschmacksverstärker. Wie empfindlich man auf die Verwendung künstlich erzeugter Geschmacksverstärker reagierte, zeigte die Reaktion des Gault Millau, der 2005 das Düsseldorfer Restaurant »Im Schiffchen« aus der Wertung nahm, nachdem dessen Chefkoch Jean-Claude Bourgueil freimütig bekannt hatte, Glutamat für die Vollendung mancher seiner Gerichte zu verwenden. Nun hatte der Sternekoch aus wissenschaftlicher Sicht nichts Falsches getan, denn zum einen soll ein Koch seine Gerichte in bester Façon auf die Teller bringen, zum anderen lässt sich im Labor zwischen künstlich und natürlich hergestelltem Glutamat kein Unterschied feststellen. Einer Verwendung kleiner Mengen steht also aus wissenschaftlicher Sicht nichts entgegen. Doch wir verfügen immer noch über eine Verbindung zur Natur, die Rezeptoren unserer Zunge schmecken in der Speise einen Unterschied, auch wenn sich im Labor nichts nachweisen lässt.

ANALYSE UND SYNTHESE

Und hier liegt der spannende Unterschied: Die Küche ist der Ort, in der unterschiedliche Dinge miteinander in Verbindung gebracht werden. Unsere Zunge schmeckt nicht die einzelnen Zutaten eines Gerichts, sie schmeckt ihr Zusammenspiel. Und dieses Zusammenspiel soll begeistern. Erst wenn wir über die einzelnen Komponenten nachdenken, die uns gerade bei einem gelungenen Teller begeistern, kommen wir dazu, diese Aspekte zu analysieren. Wir formen sie in Worte. Zur Synthese des Geschmacks tritt die Analyse durch Worte. Und lange Zeit machte man sich keine Gedanken, was im Inneren eines Topfes vorgeht, man wollte lediglich vom Ergebnis begeistert werden. Mittlerweile aber wollen wir uns darüber klar werden, was zu guten Ergebnissen oder Geschmackssensationen in der Küche führt. Und Ikeda Kikunae – als Naturwissenschaftler ein Mann der Analyse – wollte den Wohlgeschmack nicht durch ein Gemenge und Gemisch in einem Kochtopf herstellen, im Gegenteil, er wollte ihm auf die Spur kommen und ihn analysieren. Und er schaffte es. Allerdings – wenn man so möchte – war sein Vorgehen ein Frevel. Denn sein Ergebnis, das ja den Wohlgeschmack darstellen sollte, war ein oft verteufeltes Pulver. Dies konnte doch nicht die über Jahrhunderte gewachsenen Erfahrungen der Kochkunst darstellen. Und gewiss: Kochen und kulinarischer Genuss bestehen aus mehr als aus einem Pulver, das in einem chemischen Labor gewonnen wird. Industriell erzeugtes Mononatriumglutamat ergibt auf der Zunge einen anderen Geschmack als der auf natürliche Weise erzeugte Umami-Geschmack. Dieser besticht durch eine aromatische Tiefe und Vielschichtigkeit. Bei natürlichen Reifeprozessen stellt die Zeit einen entscheidenden Faktor dar. Lange gereifter Parmesan, lange eingelegte Oliven oder lange eingelegte Anchovis entwickeln mit zunehmender Reifezeit komplexere Aromen und ein höheres Umami-Potenzial. Möchte man tiefgreifende geschmackliche Sensationen erreichen, ist die Verwendung ausgezeichneter Produkte unerlässlich. Auf der anderen Seite ist aber auch der Austausch über das Kochen und die Kochtechniken von entscheidender Bedeutung. Lange Zeit war es für Köche sehr schwierig, an gute Rezepte zu kommen. Was sich heute anhört wie eine Beschreibung aus dem Mittelalter, war gängige Praxis und erfuhr erst mit dem ersten Köche-Kongress der Madrid Fusion im Jahr 2003 eine tiefgreifende Veränderung. Im Zuge dieses internationalen Austausches wurden Aspekte des Kochens zunehmend wissenschaftlich analysiert. Auch hier könnte man also von einem Aspekt sprechen, den Ikeda Kikunae vor mehr als einem Jahrhundert vorweggenommen hat. Doch es handelt sich hierbei nicht um einen Frevel, sondern im Gegenteil um kulinarische Aufklärung, die unser Verständnis von Kochen und seinen Ergebnissen seit Beginn dieses Jahrtausends ebenso verändert hat wie das Ansehen von Köchen und die Bedeutung von Kochbüchern.

SINNLICHE SÄTTIGUNG

Genau genommen kochen wir nicht nur, um satt zu werden. Auch hier liegen Natur und Kultur des Kochens nahe beieinander, denn es geht nicht darum, das natürliche Bedürfnis der Sättigung zu befriedigen, sondern ebenso eine sinnliche Befriedigung zu erreichen. Mit unserer Kochkunst sind wir im Rahmen des Angebots an Lebensmitteln und unserer Möglichkeiten darum bemüht, einen angenehmen Geschmack zu erzielen. Umami ist der Schlüsselreiz und der Geschmack, der uns für das Zubereiten von Speisen belohnt. Ein Resultat dieser Kochtechnik sind lange geköchelte Brühen, die sich überall auf der Welt finden lassen, denn sie erzeugen diesen bekannten Wohlgeschmack, den wir offensichtlich unabhängig von Klimazonen und Kontinenten alle mögen. Getrocknete Tomaten, fermentierte Kapern, gereifter Käse oder die lange geköchelte Erbsensuppe versöhnen mit ihrem angenehmen, tiefen Geschmacksbild. Im Zusammenspiel können unterschiedliche umamihaltige Zutaten den Wohlgeschmack noch steigern. Man denke nur an die mit Knoblauch, Kapern, Sardellen und Tomaten zubereiteten Spaghetti alla Puttanesca – der Legende nach aus der Not geboren, da sie aus ungekühlt lagerbaren Zutaten zubereitet wurden. Hier braucht es noch nicht mal Parmesan, um sich über ein gelungenes Umamigefühl freuen zu können. Wenn man sich aber nicht scheut, zu den Sardellen auch frisch geriebenen Parmesan zum Einsatz zu bringen, kann man die Steigerung der Mundfülle direkt schmecken. Und warum sollte man, wenn man einmal keine Sardellen im Hause hat, diese nicht einfach durch eine würzige Fischsauce ersetzen? Schneller Teller, voller Geschmack.

SPRECHEN UND SCHMECKEN

Der Neurobiologe Charles S. Zucker konnte in Zusammenarbeit mit Kollegen 2002 den Nachweis erbringen, dass es auf der Zunge Rezeptoren für den Umamigeschmack gibt. Es wird also Zeit, den köstlichen Geschmack näher zu betrachten. Dabei geht es nicht darum, das Rad neu zu erfinden, sondern mit offenem Blick Anstöße für eine Küche von Morgen zu geben. Um nichts weniger geht es bei der gegenwärtigen Beschäftigung mit Umami. Es muss dabei gar kein Pulver sein, geröstete Kartoffelschalen, Rauch oder Kaffee, als Gewürz eingesetzt, können hier auf natürliche Weise neue kulinarische Wege aufzeigen. Nicht nur, um Abfall zu vermeiden, sondern um an köstlichem Geschmack zu gewinnen. Es wird Zeit, dass wir die beiden Vermögen unserer Zunge miteinander in Verbindung bringen. Wir müssen in der Analyse durch Worte ergründen, welche Synthese des Geschmacks uns begeistert. Dabei dürfen wir weder das Wie noch das Warum aus dem Blick verlieren. Denn es ist, wie oben aufgezeigt, das Kochen, welches unsere Kultur begründet und uns die Möglichkeit gegeben hat, eine Sprache ausbilden zu können. Und es ist die Fähigkeit zu schmecken, die uns zum Homo sapiens, zum weisen Menschen macht, denn unsere Weisheit – so die zweite Bedeutung des lateinischen Verbs sapere – hat ihren Ursprung in dieser Fähigkeit zu schmecken. ■

Heiko Antoniewicz, von seinen Kollegen anerkennend »Professor« genannt, betrachtet die Dinge des Kochens gerne mit analytischem Scharfsinn und wissenschaftlicher Genauigkeit. Dabei sucht er nicht nur den Austausch unter Kollegen, sondern gerne den inspirierenden Grenzgang mit Vertretern anderer Disziplinen. Denn der Fokus, der sich durch unterschiedliche Blickwinkel auf das Kochen ergibt, erweitert den thematischen Horizont der Gesprächspartner. In Michael Podvinec trifft er hier einen kongenialen Partner, denn der promovierte Molekularbiologe ist nicht nur passionierter »Nerd am Herd«, wie er sich augenzwinkernd beschreibt, sondern akribisch daran interessiert, die Zusammenhänge des Kochens zu analysieren, zu verstehen und einem interessierten Publikum nachvollziehbar zu präsentieren. Kochen ist nicht nur eine gelebte Praxis, sondern stets auch Reflexion über die eigenen Handlungen. Warum tue ich die Dinge, die ich gelernt habe? Und was sollte ich verändern, um mich zu verbessern? Was bedeutet Umami für die Zukunft des Essens? Welche Veränderungen wird dieses Thema bewirken? Wird es die Arbeit in der Küche vereinfachen und gleichzeitig für mehr Geschmack sorgen? Zeit für ein Gespräch über den fünften Geschmackssinn, über Umami.

UMAMI – WISSEN UM DEN FÜNFTEN GESCHMACK

***Michael Podvinec:** Umami – ein japanisches Wort als Titel für dein neues Kochbuch. Warum?*

Heiko Antoniewicz: Für mich als Koch ist das eine logische Sache. Kochen ist ja immer Übersetzung. Sowohl vom Rohen zum Gekochten, als auch von einer Idee zur praktischen Umsetzung am Herd. Der Titel ist daher passend gewählt, weil nur er den fünften Geschmack treffsicher beschreibt. Wir brauchen ein solches Buch, da Umami einfach schmeckt. Und in Sachen Umami stehen wir erst am Anfang einer spannenden Entwicklung. Daher denke ich, dass wir keinen deutschen Titel verwenden, sondern diesen japanischen Begriff mit persönlichen Erfahrungen füllen sollten. Als Menschen mit Freude am Essen sind wir ja immer wieder und in völlig unterschiedlichen Zusammenhängen auf der Suche nach dem perfekten Geschmack. Dabei verankern wir sensationelle Geschmackserlebnisse, wenn wir sie erleben, als feste Referenzpunkte in unserem Gedächtnis. Um an dieser Stelle nur ein vielleicht ungewöhnliches Beispiel zu nennen: Wir alle wissen, wie Kaffee riecht und was wir an ihm mögen. Kaffee ist ein für uns fest verankerter Geschmack. Dabei sind wir gerade erst dabei, den Kaffee kulinarisch zu entdecken, denn neben seinen Röststoffen verfügt er über einen ganzen Strauß an Aromen, mit dem er sich wunderbar als Gewürz zu verschiedenen Speisen verwenden lässt. Damit möchte ich nur deutlich werden lassen, dass wir erst am Anfang eines umfangreichen kulinarischen Lernprozesses stehen. Durch diesen Prozess wird sich die Bedeutung des Wortes Umami verändern.

***MP:** Das ist ein schönes Bild und ich gebe dir vollkommen recht. Sobald man im Bekanntenkreis nach dem fünften Geschmack fragt, merkt man, dass kaum jemand wirklich weiß, was unter Umami zu verstehen ist. Man kann das erstaunlich finden, aber es ist noch die Realität. Auch wenn wir seit mehr als 100 Jahren von Umami wissen, hat es sich hier in Europa noch nicht in den Köpfen festgesetzt, ganz im Gegensatz zu Asien. Dabei ist Umami doch einer der Schlüssel des guten Geschmacks und interagiert auf äußerst spannende Art und Weise mit den anderen Geschmäckern – übrigens nicht bloß in der asiatischen Küche. Darum wird dieses Buch sicherlich dazu beitragen, das Wissen über Umami zu vertiefen. Wer Umami versteht, erweitert sein bewusstes Geschmacksrepertoire nochmal deutlich und kann – kurz und etwas salopp gesagt – besser kochen.*

HA: Dabei muss man allerdings auch aufpassen, sich nicht ausschließlich auf Umami zu beziehen. Denn nur Umami in der Küche funktioniert nicht. Der Geschmackssinn für Umami ist ein Baustein der Geschmacksbildung. Gute Gerichte zeichnet das Zusammenspiel von unterschiedlichen Geschmäckern aus. Bei der Arbeit zu diesem Buch war es für uns daher besonders wichtig, eine Harmonie zwischen den unterschiedlichen Geschmacksrichtungen zu erreichen. Denn so kann der interessierte Leser die praktischen Möglichkeiten erkennen, die das Thema Umami bietet.

Dr. Nikolai Wojtko

MP: *Genau, denn es geht ja auch darum, wie wir Umami im Zusammenspiel mit den anderen Geschmacksrichtungen einordnen wollen. Hier stellt sich zunächst die Frage, ob Umami eigentlich ein eigenständiger Geschmack ist. Ganz selbstverständlich gehen wir im Alltag von den vier Grundgeschmacksrichtungen aus. Wir schmecken salzig, bitter, sauer, süß, aber auch scharf. Und da sollten wir kurz überlegen. Denn Schärfe ist genau genommen kein Geschmack, sondern eine Reizung. Wir verfügen insgesamt über 30 Bitterrezeptoren, allerdings nur über eine geringe Differenzierung des bitteren Geschmacks. Eine relativ starke Interaktion findet zwischen salzig und Umami statt: Je mehr Umami-Noten in die Speise einfließen, desto mehr kann ich auf Salz verzichten, bis zu einem gewissen Punkt natürlich. Auch zwischen Umami und süß gibt es Kreuzreaktionen, diese mögen sogar direkt molekularer Natur sein. Der Umami-Rezeptor auf unserer Zunge besteht aus einem Proteinpaar, das zusammen agiert (T1R1/T1R3). Und der eine Partner des Paares ist auch am Rezeptor für Süße (T1R2/T1R3) beteiligt. Darüber hinaus beeinflusst Umami den Geruchssinn und verstärkt kongruente Gerüche. Eine Studie aus dem Jahr 2015 hat gezeigt, dass das Aroma einer Hühnerbrühe oder von Sojasauce als stärker empfunden wird, wenn ihr zusätzlich Glutamat zugesetzt wird. Ein weiterer Hinweis dafür, dass die Interaktionen unserer sensorischen Modalitäten sehr komplex sind.*

KÖSTLICHER GESCHMACK

HA: Das ist ja auch das Spannende an diesem Thema. Zunächst denken wir, dass man hier nur ein paar Stellschrauben bedienen und einfach ein paar Zutaten verwenden muss, von denen man weiß, dass sie ein hohes Umami-Potenzial enthalten. Dann aber stellt man fest, dass sich hier ein ganzer Kosmos neuer kulinarischer Möglichkeiten eröffnet und man die Abläufe beim Kochen neu denken kann. Früher ging man davon aus, Geschmack würde durch eine Art von Üppigkeit erzeugt, viel Zucker, viel Sahne. Aber wenn man sich das Thema genauer anschaut, dann kann gerade der Verzicht auf diese klassischen Geschmacksträger eine Menge an Geschmack bringen. Allerdings müssen wir dazu auch unsere angelernten Arbeitsweisen neu bewerten. Das ist immer erst einmal schwierig, weil wir ja gerne die eingeschlagenen Pfade weitergehen. Auf der anderen Seite können hier neue Zusammenhänge aufgezeigt werden, die Arbeitsschritte in der Küche vereinfachen und zu einem Mehr an Geschmack führen, bei gleichzeitiger Verschlankung der Zubereitungsarten.

MP: *Es sind nicht nur die angelernten Arbeitsweisen, sondern auch die Denkweisen. Wir müssen grundlegend an dieses Thema herangehen, schon vor dem Gang in die Küche. Ein Schlüssel zum Verständnis des Themas Umami führt über das Wort selbst. Umami ist ein japanisches Kunstwort. Es wurde aus dem Adjektiv »umai« für köstlich und dem Suffix -mi gebildet, mit dem im Japanischen aus Adjektiven Nomen gemacht werden. Köstlichkeit, sozusagen. Zusätzlich bedeutet »mi« im Japanischen auch Geschmack, das Wort macht gewissermaßen doppelt Sinn, denn es geht ja um einen köstlichen Geschmack. Das Wort Umami hat sich bei uns als Lehnwort eingebürgert, denn es gibt keine wirklich zufrieden-*

Dr. Michael Podvinec

Heiko Antoniewicz

stellende Alternative, um diesen Geschmack zu beschreiben. Herzhaft, köstlich, fleischartig, reich, aber all das trifft den Kern der Sache nicht so richtig. Der amerikanische Koch Michael Anthony erklärt Umami als »erdig«, obwohl er zugibt, dass auch dieser Begriff nicht wirklich überzeugend ist. Aber er findet ihn sinnvoller als das oft mit Umami in Zusammenhang gebrachte Wort »fleischig«.

HA: Der hier beschriebene Gedanke zeigt auf jeden Fall in die richtige Richtung. Ein Umami-Geschmack hält länger an, sorgt für Wohlgefühl. Das kennen wir von Steinpilzen, die wir ja auch mit »erdig« in Verbindung bringen, auch wenn sie gerade gar keinen erdigen Geschmack transportieren. Man könnte »erdig« also in dieser speziellen Bedeutung der »Nicht-Erdigkeit« verwenden. Auf der anderen Seite wäre »herzhaft« vielleicht angebrachter, aber auch dieser Begriff ist schon spezifisch besetzt. Umami funktioniert ja auch in einem süßen Bereich, den wir eben nicht mit »herzhaft« in Verbindung bringen. So gesehen ist es wohl ganz richtig, wenn wir diesen Geschmack einfach nicht übersetzen, sondern ihn als das bezeichnen, was er ist: Umami.

MP: *Die Schwierigkeit, Umami vernünftig zu übersetzen, liegt in der Natur der Sache selbst. Der japanische Chemiker Kikunae Ikeda, der Umami 1908 erstmals beschrieb, schuf schließlich das Wort gleich selbst, da auch ihm der richtige Ausdruck für den neu gefundenen Ausdruck fehlte. Das ist ja das Schöne, wir haben es hier nicht nur mit einem Kunstwort zu tun, sondern mit einer Bewusstseinswerdung. Wir haben schon immer mit Umami gekocht, es aber vielleicht oft bislang noch nicht so richtig wahrgenommen. Der Umami-Geschmack ist auch feiner, vielschichtiger und schwieriger zu beschreiben und herauszuschmecken als salzig, süß, bitter oder sauer. Darum hat es wahrscheinlich etwas länger gedauert, um diesen Geschmack separat und differenziert wahrzunehmen. Wer aber sein Essen in Zukunft nicht nur nach dem Schema süß, salzig, sauer und scharf abschmeckt, sondern bewusster auch an Umami denkt, dem tun sich neue Möglichkeiten auf. Auch wenn das heißt, manchmal eine Prise reinen Glutamats einzusetzen, wenn es sich anbietet.*

GESCHMACKSBALANCE

HA: Als wir vor einiger Zeit angefangen haben, uns über Umami Gedanken zu machen, entwickelten wir unsere »Liquid Flavour«-Serie. Hier haben wir natürlichen Geschmack konzentriert und so unterschiedliche aromatische Akzente auf Umami-Basis geschaffen. Früher hat man Umami erzeugt, indem man in einer Art Gulaschküche komplexe Aromen erzeugte. Eine Küche wird aber deutlich spannender, wenn man die den Zutaten innewohnenden Geschmacksbilder auf den Tellern glänzen lässt. Der Esser selbst bringt dann die einzelnen Komponenten miteinander in Verbindung. Das ist ein Thema, dass schon im Film »Ratatouille« aufgegriffen wird. In diesem Film aus dem Jahr 2007 arbeitet die Wanderratte Rémy mit unterschiedlichen Referenzgeschmäckern und verbindet diese. Käse und Champignon stellen im Film ein typisches Kombinationsbeispiel dar. Dabei wird aber auch eine andere Sache klar: Wenn man sich zu sehr auf Umami konzentriert, wird das Essen schnell langweilig – ein Kardinalfehler. Denn ein Teller und ein Menü leben von Abwechslung und Spannung. Daher geht es bei den in diesem Buch versammelten Rezepten nicht in erster Linie um Geschmacksbomben, sondern um Harmonien.

MP: *Wie du sagst, ist Umami in einer Vielzahl natürlicher Speisen enthalten und lässt sich auch konzentriert einsetzen, um einen positiven Geschmackseffekt zu erzielen. Die Tatsache, dass wir Geschmacksrezeptoren haben, ist ja evolutionär als eine Art Sicherheitsmaßnahme zu verstehen. Wir sprechen hier von der Urzeit, als sich Tiere und Menschen entwickelten. Da ging es erst in zweiter Linie um den Genuss, primär haben wir einen Geruchs- und Geschmackssinn, damit wir für uns unschädliche und bestenfalls gesunde Lebensmittel auswählen können. Also nichts Verdorbenes (sauer), nichts Giftiges (bitter), und wenn möglich etwas, das viel Energie liefert, also viele Kalorien (süß) und viele Moleküle, die unser Körper braucht (Umami). Klar ist das jetzt etwas vereinfacht, aber ich glaube, so kann man die verschiedenen Geschmackssinne etwas einordnen, auch darin, wie stark sie bei uns emotional belegt sind. Umami ist dabei ähnlich positiv belegt wie die Süß-Empfindung von Geburt an. Und wen wundert es, Muttermilch hat eine vergleichbar hohe Glutamat-Konzentration wie die japanische Kombu Dashi. Wir werden also schon mit der ersten Nahrungsaufnahme als Säuglinge auf ganz natürliche Art mit Umami angefixt. Spannend ist dabei, dass wir Lebensmittel, die sich in ihrem Umami-Gehalt wechselseitig verstärken, küchenhistorisch schon immer miteinander in Verbindung gebracht haben. Nicht nur in der asiatischen Küche, sondern durchaus in der klassischen Küche und Hausmannskost. Wenn ich einen Rinderbraten auf Mirepoix im Ofen schmore, dann ergibt die Kombination aus Fleisch, Karotten, Sellerie und Zwiebeln einen starken Umami-Geschmack.*

REIFEPROZESSE

HA: Und neben diesen klassischen Zubereitungsarten haben selbstverständlich Fermentationsprozesse eine Menge mit Umami zu tun. Heute wissen wir, dass die meisten Produkte, die reich an Umami sind, einen Fermentationsprozess durchlaufen haben. In diesem Buch geht es darum, dieses Umami-Potenzial gezielt zu nutzen, um die Produkte auf dem Teller in einem neuen Glanz erstrahlen zu lassen und ihnen eine geschmackliche Tiefe zu verleihen. Dabei gehen wir hier von dem Ansatz aus: weniger Fette, weniger tierische Produkte. Leichtigkeit auf dem Teller mit vollmundigem Gefühl.

MP: *Es ist spannend, welchen Weg das Thema Umami bei uns durchlaufen hat. Genau betrachtet ist es ein Reifeprozess für sich. Das Chinarestaurant-Syndrom ist eine witzige Geschichte und Beweis dafür, wie etwas, das ganz klein anfängt, weltberühmt werden kann. Das Ganze geht ja auf einen kurzen Leserbrief zurück, den ein Arzt namens Robert Kwok 1969 an das New England Journal of Medicine geschrieben hat. Darin bemerkt er, dass er bei*

sich selbst merkwürdige Symptome beobachtet, nachdem er in chinesischen Restaurants gespeist hat: Eine Taubheit im Nacken, eine Schwäche und Herzklopfen. Also zuerst einmal: Hier handelt es sich nicht um eine medizinische Studie, sondern einfach um eine Selbstbeobachtung, die dieser Arzt hier mitgeteilt hat. Weiter, und das ist besonders interessant, werden lediglich vermutete Ursachen angeführt: Ist es die Sojasauce, die eine Allergie auslösen könnte? Oder der chinesische Kochwein? Oder führt das reichlich eingesetzte Salz zu einer Hypernatriämie, also zu viel Natrium im Blut? Oder könnte es auch das Natriumglutamat (Englisch: MSG) sein, welches in Chinarestaurants gerne eingesetzt wird, weil es eben den Umami-Geschmack hervorruft? Ja, und aus all diesen Erklärungsmöglichkeiten erinnern wir uns heute nur noch an das dementsprechend verteufelte – nein: fälschlich verteufelte! – MSG. Dabei ist Natriumglutamat, wenn es in gebräuchlicher Dosierung verwendet wird, gar nicht in der Lage, die beschriebenen Symptome auszulösen. Es gibt eine Studie aus den 90er-Jahren, da wurden Probanden bis zu 3g MSG ohne zusätzliches Essen verabreicht. Dann können in der Tat ähnliche Erscheinungen auftreten. Aber das ist eine künstliche Situation, ein Essen enthält normalerweise nicht mehr als 0,5g Natriumglutamat. Heute ist es um diese Thematik, so scheint mir, etwas ruhiger geworden. Persönlich glaube ich, dass das ein Modethema war, das in den Zeitgeist passte. Chinarestaurants hatten einen schlechten Ruf als schnelle, fettige Küche aus billigen Zutaten. Und dann noch die Lebensmittelindustrie, die ihren Fertigspeisen Natriumglutamat zusetzt, um sie schmackhafter zu machen, wohlgemerkt, mitunter um den Salzgehalt reduzieren zu können. Da hat sich dann ein ziemliches Feindbild Glutamat aufgebaut. Und das ist letztendlich Blödsinn, denn Glutamat ist das Salz einer Aminosäure, die sich in jedem proteinhaltigen Lebensmittel findet, mal mehr, mal weniger. Es kommt natürlich in Lebensmitteln vor oder man kann es eben auch reinigen und dann gezielt und präzise Speisen zusetzen. Chemisch und biologisch gesehen besteht da kein Unterschied.

HA: Zum einen zeigt sich an dieser Geschichte, wie schräg manche Dinge laufen können. Denn es geht in den Küchen dieser Welt ja stets darum, etwas auf die Teller oder in die Schüsseln zu bringen, was schmeckt. Daher gibt es ja die unterschiedlichen Kombinationsmöglichkeiten. Rückblickend zeigt das Chinarestaurant-Syndrom, dass wir es uns abgewöhnt haben, nur hinter vorgehaltener Hand über Geschmacksverstärker zu sprechen, sondern dass wir uns Gedanken über natürliche Geschmacksverstärker machen.

AM BEISPIEL DER ZWIEBEL

***MP:** Vielleicht nehmen wir zur Erläuterung an dieser Stelle einfach die Zwiebel. Die Zwiebel ist eines der vielseitigsten Lebensmittel, das wir in unserer täglichen Küche verwenden. Nicht nur, weil es so viele unterschiedliche Sorten gibt – Lauch, Frühlingszwiebeln, Schalotten, Salatzwiebeln, um an dieser Stelle nur einige zu nennen. Je nachdem, wie wir sie zubereiten, verändert sich ihr Charakter extrem. Roh dominieren die bissigen Schwefelverbindungen, bei trockener Hitze kommen Röstaromen stark zum Tragen, bei langsamer, feuchter Hitze entwickeln sich süße und Umami-Noten stark. Potenzieren lässt sich das Umami der Zwiebel, wenn man es mit einer Ribonukleinsäurequelle kombiniert, auf hundert verschiedene Arten: zum Beispiel mit Fleisch als Zwiebelrostbraten oder vegetarisch, wie in der klassisch französischen Küche als Duxelles, einer Farce aus klein geschnittenen, zusammen in Butter geschmorten Pilzen, Schalotten und Kräutern. Genauso lassen sich Zwiebel, Sellerie,*

Pilze, Tomaten auch zusammen schmoren und trocknen. Dabei wird das Umami nochmal konzentriert und man erhält eine Umami-Würzpaste.

HA: Das Vielseitige, was du hier am Beispiel der Zwiebel genannt hast, trifft ja auf das gesamte Thema Umami zu. Denn es verbindet nicht nur eine asiatische Küche mit einer auf einem anderen Kontinent. Das Thema greift ja auch unsere eigenen Kochtraditionen auf und betrachtet sie neu. So gesehen ist Umami ein Thema, das tiefe Wurzeln besitzt und gleichzeitig über das Potenzial verfügt, extrem große Flügel entwickeln zu können. Auf jeden Fall wird es uns in Zukunft beschäftigen und wir werden erleben, dass sich das Angebot an Zutaten verändern wird. Natürlich verwende ich für die Rezepte dieses Buches auch asiatische Zutaten, aber sehr wahrscheinlich werden wir in einigen Jahren ein paar wunderbare Umami-Zutaten aus Deutschland beziehen können. Da tut sich gerade Einiges: das Schwarzwaldmiso oder die Lupinen. Hier kann man heute schon Ansätze erkennen. Irgendwann – und das ist sehr wahrscheinlich gar nicht mehr lange hin – wird es auch darauf ankommen, die Transportwege kürzer zu halten, allein weil sich die Logistik verteuern wird.

SENSORISCHE VERFEINERUNG

MP: *Das sehe ich genauso. Ich glaube, dass das Verständnis von Umami hier in Europa tatsächlich durch die Beschäftigung mit der asiatischen Küche entstanden ist. Köche, die Asien bereist oder die in Japan in Restaurants gearbeitet und dann ein Verständnis für diesen Geschmack entwickelt haben, brachten ihre Erkenntnisse mit nach Hause. Hat man erst einmal die Sensorik und das Vokabular diesbezüglich aufgebaut, kann man erkennen, dass es Umami eben nicht nur in der Kombu Dashi, dem wichtigsten Fond der japanischen Küche, gibt, sondern auch in der Rinderkraftbrühe. Dass das Umami-Potenzial von Katsuobushi mit dem von Bottarga, den gepressten und getrockneten Meeräschenrogen, die im Mittelmeerraum verbreitet sind, vergleichbar ist. Und dass lange Fermentationsprozesse durch den Abbau der Proteine im Lebensmittel zu Aminosäuren Umami erzeugen. Egal, ob wir von der thailändischen Fischsauce Nam Pla reden oder von Parmigiano Reggiano, der Prozess ist vergleichbar. Umami ist schwieriger herauszuschmecken als die anderen vier Geschmäcker. Eine Beobachtung, die beim Üben hilft, ist, dass Umami zwar schwächer und weniger prägnant schmeckt, es aber einen länger anhaltenden Effekt hat, der sich auch durch das sogenannte »Mouthfeel«, das Mundgefühl, auszeichnet. Umami belegt also den Mundraum auch nach dem Schlucken noch eine Weile. Weil Umami so dezent, ja elegant, wirkt und immer von anderen Geschmäckern begleitet wird, wurde seine Existenz als eigener Geschmack auch eine ganze Weile lang infrage gestellt. Das Thema Geschmack ist ohnehin komplex, das Gebiet der Neurogastronomie hat gezeigt, dass verschiedene Geschmäcker und Gerüche, aber auch andere Empfindungen miteinander interagieren und sich gegenseitig beeinflussen.*

HA: Genau. Und ganz eindeutig wird das Thema Umami die Zukunft des Essens beeinflussen. Egal, welche Zutaten man hat, fragt man sich doch als Koch zwangsläufig: Wie bekomme ich da Geschmack dran? Und die Rezepte, die in diesem Buch versammelt sind, zeigen nachhaltige und simple Dinge auf. Es ist sensationell, wie ein geräucherter Blumenkohl das Geschmacksbild verändern kann. ■

UMAMI-INTENSITÄT

1

GEPRASSELTER KOPFSALAT DOSENMILCH ZWIEBELN

Einfache Komponenten treffen auf außergewöhnliche Zubereitung. Zugegeben: Dosenmilch ist aus der Mode gekommen, doch selbst zubereitet, besticht sie durch intensiv cremigen Geschmack. Der Kopfsalat überrascht durch Aromatik in krosser Textur, während das rauchige Kala Namaksalz der Eigelbcreme geschmackliche Tiefe verleiht.

REZEPT FÜR 4 PERSONEN | STANDZEIT: 19 STUNDEN, 30 MINUTEN

SALAT

- 4 kleine feste Kopfsalate
- 20 g Butter
- Salz

Die Salate waschen und trocken schütteln. Die äußeren Blätter entfernen und die Salate längs halbieren. Die Kopfsalate in kochendem Wasser blanchieren. Herausnehmen und abtropfen lassen. Die Butter in einer Pfanne aufschäumen und die Salate darin auf der Schnittfläche anbraten. Salzen und die Pfanne mit einem Deckel abdecken. Dann die Salate aus der Pfanne nehmen, die entstandene Flüssigkeit mit der Butter vermischen und die Salathälften damit glasieren. Die äußeren Kopfsalatblätter in kochendem Wasser blanchieren und bei 56 °C im Dörrautomaten 18 Stunden trocknen.

KONDENSMILCH

- 500 ml Milch
- ½ schwarze Kardamomkapsel
- Salz
- Xanthanwasser

Die Milch in eine Schüssel geben und mit Klarsichtfolie bedecken. In die Klarsichtfolie einige Löcher stechen und die Schüssel auf einen mit Wasser gefüllten Topf setzen. Das Wasser auf 85 °C erhitzen und die Milch auf 80 ml einkochen. Den Kardamom in die warme Milch geben und 30 Minuten darin ziehen lassen. Die Milch durch ein feines Sieb passieren und leicht salzen. Einen Teil der Kondensmilch mit etwas Xanthanwasser andicken und zur Seite stellen. Die restliche Kondensmilch zur weiteren Verwendung aufbewahren.

KARTOFFEL

- 500 g mehlig kochende Kartoffeln
- 200 ml Sahne
- 300 ml Kondensmilch (s. o.)
- 40 g Butter
- 30 ml Olivenöl
- Fleur de Sel
- gemahlene Macis

Die Kartoffeln gut waschen, in der Schale kochen, pellen und kurz ausdämpfen lassen. Die Sahne mit der Kondensmilch, Butter und Olivenöl in einem Topf auf 80 °C erhitzen. Mit den Kartoffeln mithilfe einer Küchenmaschine zu einer homogenen Masse verarbeiten. Mit Fleur de Sel und Macis abschmecken. In einen Spritzbeutel geben und warm stellen.

FRÜHLINGSLAUCH

- 1 Bund Frühlingslauch
- Salz
- Kartoffel-Kondensmilchmasse (s. o.)

Den Frühlingslauch waschen und trocken schütteln. Die grünen Halme abschneiden und in kochendem Salzwasser (10 Gramm Salz pro Liter) blanchieren. In Eiswasser abschrecken und trocken schütteln. Die noch feuchten Halme vorsichtig mit der Kartoffel-Kondensmilch-Masse von oben füllen. Die gefüllten Halme erneut in Eiswasser kurz abschrecken und in 3 cm lange Segmente schneiden. Die weißen Frühlingszwiebeln in kochendem Salzwasser blanchieren und mit etwas Wasser dünsten. Einmal längs halbieren und mit einer Blow Torch kurz bräunen.

EIGELBCREME

- 6 Eier
- 80 g weiche Butter
- Salz
- Kala Namak (s. S. 152)

Die Eier bei 72 °C im Wasserbad 1 Stunde garen und pellen. Die Eiweiße von den Eigelben trennen. Die Eigelbe durch ein Sieb passieren. Zusammen mit der weichen Butter vermengen. Mit Salz und Kala Namak abschmecken. Die Creme in einen Spritzbeutel füllen und 1 Stunde kalt stellen.

GARNITUR

- Harissa

ANRICHTEN

Auf die Schnittflächen des Kopfsalates etwas Eigelbcreme spritzen und je zwei Hälften aufeinanderlegen. Kopfsalate auf den Tellern platzieren. Die gefüllten Frühlingszwiebelhalme arrangieren und die weißen Zwiebeln anrichten. Die restliche Eigelbcreme auflegen und Harissa darüber streuen. Gedörrte Kopfsalatblätter arrangieren. Angedickte Kondensmilch auftropfen lassen.

UMAMI-INTENSITÄT

2

REZEPT FÜR 4 PERSONEN | STANDZEIT: 70 MINUTEN

BLUMENKOHL

1 Blumenkohl
Salz
40 ml Apfelsaft
2 Lorbeerblätter

Den Blumenkohl putzen, waschen und trocken tupfen. Grün und Strunk abschneiden und für eine spätere Verwendung beiseitelegen. Den Blumenkohl in verschieden große Röschen zerteilen. In einem breiten Topf Wasser zum Kochen bringen. Mit Salz würzen, Apfelsaft und Lorbeer zugeben und einmal aufkochen. 20 Minuten ziehen lassen. Die Lorbeerblätter entnehmen. Die Blumenkohlröschen in dem Sud bissfest garen, abgießen und auskühlen lassen.

BLUMENKOHLCREME

Blumenkohlstrunk (s. o.)
100 ml Sonnenblumenöl
40 g Butter
1 Macis

Den Blumenkohlstrunk schälen und in Scheiben schneiden. In heißem (140 °C) Sonnenblumenöl frittieren und auf einem Küchentuch abtropfen lassen. Die Scheiben mit Butter und Macis in einem geeigneten Beutel vakuumieren. Bei 85 °C im Wasserbad 50 Minuten garen und noch warm im Mixer zu einer Creme verarbeiten und in eine Spritzflasche füllen.

BLUMENKOHLBLÄTTER

6 Blätter vom Blumenkohl (s. o.)
Salz
20 ml Arganölvinaigrette (s. S. 150)
100 ml Sonnenblumenöl

4 Blätter in stark gesalzenem, kochendem Wasser blanchieren, herausnehmen und in Eiswasser herunterkühlen. In einer Schüssel mit Arganölvinaigrette marinieren und zur Seite stellen. Die restlichen Blätter in 140 °C heißem Sonnenblumenöl frittieren und auf einem Küchentuch abtropfen lassen.

TINTENFISCH

8 Tintenfischköpfe
½ Bund Koriander
50 ml Sonnenblumenöl
Salz
30 ml Tomatenserum Umami (s. S. 151)
Chilipulver

Die Tintenfische putzen, waschen und trocken tupfen. Den Koriander waschen, trocken schütteln, die Blättchen abzupfen und fein hacken. Das Sonnenblumenöl in einer Pfanne erhitzen und die Tintenfischköpfe darin anbraten, leicht salzen, mit Tomatenserum und Chilipulver würzen. Etwas auskühlen lassen. Den Koriander unterheben und zur Seite stellen.

GARNITUR

2 g fein gemahlenes Irish Moos
Weißweinessigvinaigrette (s. S. 151)

ANRICHTEN

Das marinierte Blumenkohlgrün auf Tellern anrichten, mit den kleineren Blumenkohlröschen belegen und mit Irish Moos bestreuen. Große Segmente des Blumenkohls an der Unterseite mit einer Blow Torch leicht karamellisieren und anrichten. Tintenfischköpfe platzieren. Die Blumenkohlcreme auftupfen und die Vinaigrette verteilen.

BLUMENKOHL TINTENFISCH

Blumenkohl Leaf to Root. Strunk und Blätter des Blumenkohls, sind im Küchenalltag meist einfach Abfall, verleihen diesem Gericht durch unterschiedliche Zubereitungen geschmackliche Abwechslung und Finesse. So wird das Kohlgemüse zum perfekten Begleiter des Tintenfischs.

BOHNEN ZIEGENMILCH

REZEPT FÜR 4 PERSONEN | STANDZEIT: 8 STUNDEN

THYMIANVINAIGRETTE

5 g Zitronenthymianblätter
20 ml Ahorn-Balsamessig
20 ml Haselnussöl
20 ml Maiskeimöl
30 ml Gemüsefond
Sojasauce

Die Thymianblätter waschen, trocken schütteln, in kochendem Wasser blanchieren und anschließend fein hacken. Mit den restlichen Zutaten zu einer Vinaigrette vermengen und würzig abschmecken.

SCHLANGENBOHNEN

500 g Schlangenbohnen
Salz
Abrieb von 1 unbehandelten Limette
Thymianvinaigrette (s. o.)

Die Bohnen waschen, putzen und in stark gesalzenem Wasser bissfest garen. Abgießen und in Eiswasser herunterkühlen. Die Bohnen mit dem Limettenabrieb und etwas Thymianvinaigrette in einem geeigneten Beutel vakuumieren und 2 Stunden kalt stellen. Den Sud durch ein feines Sieb passieren und wie die Bohnen bis zur Verwendung zur Seite stellen.

FLÜGELBOHNEN

200 g Flügelbohnen
500 ml Sonnenblumenöl
Tomatensalz

Die Bohnen waschen und abtupfen. Das Öl in einem hohen Topf auf 150 °C erhitzen und die Bohnen darin frittieren. Auf Küchenpapier abtropfen lassen. Mit Tomatensalz würzen.

GESTOCKTE ZIEGENMILCH

50 g Agar Agar Basismasse (s. S. 150)
100 ml Ziegenmilch
10 ml Olivenöl
einige Kakaobohnen

Die Agar Agar Basismasse mit der Ziegenmilch verrühren. Cremig aufschlagen und das Olivenöl montieren. Bei Bedarf auftupfen und mit fein gehackten Kakaobohnen bestreuen.

GETROCKNETE TOMATEN

6 sardische Tomaten
30 ml Weizengrasöl

Die Tomaten waschen, trocken reiben, halbieren und im Dörrautomaten bei 63 °C 6 Stunden trocknen. Bis zum Gebrauch in Weizengrasöl einlegen.

SUD

200 g breite Bohnen
100 ml Wasser
1 Zweig Zitronenthymian
1 Knoblauchzehe
20 ml Tomatenserum Push (s. S. 151)
20 ml Tomatenserum Umami (s. S. 151)
Xanthanwasser
Salz

Die Bohnen waschen, entsaften und den Saft in einem Topf mit dem Wasser vermischen. Den Thymian waschen, trocken schütteln, die Blättchen abzupfen und dazugeben und alles auf 65 °C erhitzen. Den Knoblauch ungeschält andrücken, 1 Minute in dem Bohnensaft ziehen lassen und wieder entfernen. Mit Tomatenserum Push und Tomatenserum Umami abschmecken. Den Sud mit Xanthanwasser leicht binden und mit Salz würzen.

GARNITUR

getrocknete weiße Bohnen
gezupfte Peteh Bean Seed (s. S. 152)
Thymianvinaigrette (s. o.)

ANRICHTEN

Die Schlangenbohnen kreisförmig auf den Tellern anrichten. Die Flügelbohnen in Stücke schneiden und arrangieren. Die gestockte Ziegenmilch auf die Teller geben. Getrocknete Tomaten platzieren und den Sud auftropfen. Die weißen Bohnen zerbrechen und anlegen. Peteh Bean Seed darüber streuen und den Rest der Thymianvinaigrette verteilen.

CALAMANSI FORELLE TOSAZU

REZEPT FÜR 4 PERSONEN | STANDZEIT: 3 STUNDEN, 10 MINUTEN

LACHSFORELLE

1 küchenfertige Lachsforelle
1 l 3 %ige Salzlake
40 ml Calamansisaft (s. S. 152)
30 ml Tosazusauce (s. S. 152)

Den Fisch waschen und trocken tupfen. Die Fischhaut abziehen, sauber putzen und zur weiteren Verwendung beiseite stellen. Die Forelle für 70 Minuten in Lake einlegen. Anschließend gut abtrocknen und in vier Stücke schneiden. Den Calamansisaft mit der Tosazusauce verrühren und die Lachsforellenstücke damit 2 Stunden marinieren. Immer wieder in der Marinade wenden. Den Backofen auf 55 °C Ober- und Unterhitze vorheizen. Die Forellenstücke aus der Marinade nehmen, abtupfen, auf ein geöltes Blech legen und im Backofen 20 Minuten garen.

FRITTIERTE FISCHHAUT

200 ml Sonnenblumenöl
geputzte Fischhaut (s. o.)
Salz

Das Sonnenblumenöl auf 140 °C erhitzen und die Fischhaut darin frittieren. Herausnehmen und leicht salzen. Auf Küchenpapier abtropfen lassen. Kurz vor dem Servieren in kleine Segmente schneiden.

ERBSENPULVER

⅛ Bund Minze
⅛ Bund Koriander
40 g gefriergetrocknete Erbsen

Die Kräuter waschen und trocken schütteln. Die Blätter abzupfen und auf einen mit Klarsichtfolie bespannten Teller geben. Für 10 Minuten bei 600 Watt in der Mikrowelle trocknen lassen. In einem Mörser mit den Erbsen fein pulverisieren.

CALAMANSISAUCE

60 ml heller Fischfond
Xanthanwasser
60 ml Calamansisaft (s. S. 152)
Thailändische Fischsauce

Den Fischfond in einem Topf erhitzen und mit Xanthanwasser binden. Vom Herd nehmen und den Saft einrühren. Mit einigen Spritzern Fischsauce würzen und nicht mehr kochen lassen.

MISO-SHIRO-CREME

100 ml Orangensaft
50 mg Agar Agar
40 g Miso-Shiro-Paste

Den Orangensaft in einem Topf mit dem Agar Agar verrühren und einmal aufkochen lassen. In ein Glasgefäß geben und kalt stellen. Wenn die Masse fest ist, mit der Miso-Paste und mithilfe eines Handrührgeräts zu einer homogenen Creme verarbeiten.

GARNITUR

Thai-Schnittlauchblüten
Studentenblumen

ANRICHTEN

Die Calamansisauce auf die Teller geben. Die Forellenstücke platzieren und die Miso-Shiro-Creme dressieren. Die frittierten Fischhautstücke zerbröseln und über die Forelle geben. Thai-Schnittlauchblüten zupfen und arrangieren. Das Erbsenpulver auf die Teller streuen. Mit Studentenblumen ausgarnieren.

Die Marinade aus Tosazu und Calamansisaft verleiht dem kurz gegarten Lachs geschmackliche Tiefe mit elegantem Säurespiel. Das Kräuter-Erbsenpulver sorgt für vegetabile Noten.

CHEDDARCREME BIERCEREALIEN CHORIZO CHIP

REZEPT FÜR 4 PERSONEN | STANDZEIT: ÜBER NACHT UND 4 STUNDEN

CHEDDARCREME

1050 g mehlig kochende Kartoffeln
500 ml Sahne
750 ml Milch
50 g Butter
180 g geriebener Cheddar
30 ml Limettenöl
50 ml Rapsöl
20 ml Geflügelfond
5 g Liquid Flavour (s. S. 152)
Salz
gemahlene Macis

Die Kartoffeln waschen, in der Schale kochen, pellen und kurz auskühlen lassen. Die Sahne mit der Milch, Butter und den Kartoffeln mithilfe einer Küchenmaschine zu einer homogenen Masse verarbeiten. Käse, Limettenöl, Rapsöl, Geflügelfond und Liquid Flavour montieren. Mit Salz und Macis abschmecken. Die Creme in eine Espumaflasche geben und sofort zwei Patronen eindrehen und im Wasserbad warm stellen. Bei Bedarf eine dritte Patrone eindrehen.

CHORIZOCHIP

30 g feste Chorizo
200 ml Sonnenblumenöl

Die Chorizo in feine Scheiben schneiden und im 140 °C heißen Öl frittieren. Auf einem Küchentuch abtropfen und abkühlen lassen. Die Chorizochips fein zerbröseln.

CHORIZOÖL

2 Stück weiche Chorizo
100 ml Olivenöl

Von der Chorizo die Haut entfernen und die Wurst in feine Würfel schneiden. Mit dem Olivenöl in einem geeigneten Beutel vakuumieren und bei 65 °C im Wasserbad 2 Stunden reifen lassen. Anschließend mithilfe eines Mixers fein passieren und kalt stellen.

MALZMAYONNAISE

1 Flasche Malzbier
4 g Malzpulver
2 g Agar Agar
20 ml Tigernussöl
Salz

Das Malzbier in einem Topf zum Kochen bringen und auf die Hälfte reduzieren. Das Malzpulver dazu geben. Agar Agar einrühren und einmal aufkochen. In einer Schale 2 Stunden auskühlen lassen und im Mixer auf höchster Stufe fein mixen. Das Öl montieren und mit Salz abschmecken.

BIERCEREALIEN

4 Stück getrockneter Hopfen
40 g Haferkörner
30 g Weizenkörner
Salz
40 g weiße Quinoa

In einem Topf Wasser zum Kochen bringen und den Hopfen darin kurz ziehen lassen. Den Hopfen mit dem Passierstab fein passieren. Hafer und Weizen getrennt in der Flüssigkeit weich kochen. Die Getreide leicht salzen. Beide Sorten nacheinander zwischen Klarsichtfolie ausrollen und im Dörrautomaten bei 65 °C Grad über Nacht trocknen lassen. Die Quinoa in einer heißen Pfanne ohne Fett aufpoppen lassen und zur Seite stellen.

GARNITUR

geputzte Schafgarbe
Gänseblümchen
Gundermann
Gundermannblüte
Butterblumen

ANRICHTEN

Die Cheddarcreme auf die Teller dressieren. Die Biercerealien darüber streuen. Die Malzmayonnaise in einen Spritzbeutel geben und auftupfen und die Chorizochips arrangieren. Die Teller mit Schafgarbe, Gänseblümchen, Gundermann, Gundermannblüten und Butterblumen ausgarnieren. Das Chorizoöl angießen.

ENTE SELLERIE JAPA

REZEPT FÜR 4 PERSONEN | STANDZEIT: 2–3 STUNDEN

ENTE

- 2 Zweige Lavendel
- 2 Entenbrüste von weiblichen Tieren
- 2 Orangenblätter
- Limettenöl
- Salz

Die Lavendelzweige waschen und trockenschütteln. Die Entenbrüste waschen, trocken tupfen und parieren. Mit den übrigen Zutaten in einem geeigneten Beutel vakuumieren und bei 65 °C im Wasserbad auf eine Kerntemperatur von 56 °C garen. Die Brüste anschließend auf der Hautseite ohne Fett kross braten und nur kurz in der Pfanne umdrehen. Leicht salzen.

SELLERIEROHKOST

- 1 Stange englischer Sellerie
- Salz
- 20 g Trüffel
- 20 g Walnüsse
- 100 ml Sonnenblumenöl
- ⅛ Bund Petersilie
- 10 ml Walnussöl

Den Sellerie waschen und trocken schütteln. Die Fäden ziehen und den Sellerie in sehr dünne Streifen hobeln. Salzen und 2 Stunden in einem geeigneten Beutel vakuumieren. Den Trüffel fein hobeln und anschließend ebenfalls in feine Streifen schneiden. Die Walnüsse mit dem kalten Sonnenblumenöl in einen Topf geben und beides erhitzen, bis die Nüsse geröstet sind. Nüsse herausnehmen und auf einem Küchenpapier abtropfen lassen. Die Petersilie waschen und trocken tupfen. Die Blätter abzupfen und mit den Walnüssen fein hacken. Alles miteinander vermengen und mit Walnussöl marinieren.

JAPANISCHER ZIERAPFEL

- 4 japanische Zieräpfel
- 20 ml Apfelsaft
- 10 ml Apfelessig
- 1 Macis

Die Äpfel waschen, trocknen, mit den übrigen Zutaten in einem geeigneten Beutel vakuumieren und bei 86 °C im Wasserbad 50 Minuten garen. Herausnehmen, abtupfen und mit einer Blow Torch einmal abflämmen.

ENTENFOND

- 1 kg Entenknochen (wenn möglich Flügelknochen)
- 1,5 l Wasser
- 40 ml Sojasauce

Die Knochen waschen und trocken tupfen. Mit Wasser und Sojasauce in einem Topf aufkochen, den Schaum abschöpfen. Den Topf mit Klarsichtfolie fest verschließen und den Fond bei 65 °C 2–3 Stunden ziehen lassen. Anschließend durch ein feines Sieb passieren und in einem verschließbaren Glas mit Gummidichtung aufbewahren.

ENTENJUS

- 100 ml Rotwein
- 30 ml Ketjap Manis
- 20 ml dunkler Balsamessig
- 500 ml Entenfond (s. o.)

Den Rotwein in einem Topf erwärmen. Ketjap Manis und Balsamessig zugeben und alles zu einem Sirup kochen. Kurz vor dem Karamellisieren mit Entenfond aufgießen und auf die gewünschte Konsistenz reduzieren.

GARNITUR

- Trüffelstreifen
- gezupfte Blattpetersilie
- fein gehackte geröstete Walnüsse

ANRICHTEN

Die Entenbrüste aufschneiden und auf den Tellern platzieren. Die Sellerierohkost anlegen. Die Zieräpfel arrangieren. Mit Trüffelstreifen belegen. Mit Petersilie und gerösteten Walnüsse ausgarnieren. Entenjus angießen.

NISCHER ZIERAPFEL

Sellerierohkost zu Ente? Umami auf leichte Art. Die Kombination überzeugt in Verbindung der Aromen von Trüffel und Walnuss. Die säuerlichen Äpfel bringen neben leichter Säure auch wohldosierte Röstaromen ein.

GERÖSTETER BROK

KOLI CARABINERO GALGANT

REZEPT FÜR 4 PERSONEN | STANDZEIT: ÜBER NACHT UND 1 STUNDE

KRUSTENTIERFOND

- 500 g Krustentierkarkassen
- 40 g gewürfelte Karotten
- 20 ml Olivenöl
- 1 EL Tomatenmark
- je 1 Zweig Rosmarin und Thymian
- 1 angedrückte Knoblauchzehe
- 5 Pfefferkörner
- Galgant
- Tomatenserum Push (s. S. 151)
- Xanthanwasser

Den Backofen auf 160 °C Ober- und Unterhitze vorheizen. Die Karkassen abspülen, trocken tupfen und auf einem Backblech im Ofen etwa 25–30 Minuten dunkel rösten. Anschließend in einen Topf geben. Mit den Karottenwürfeln im heißen Olivenöl anschwitzen und das Tomatenmark einrühren. So viel Wasser angießen, dass die Masse bedeckt ist. Die Kräuter waschen und trocken schütteln. Mit den Gewürzen in den Topf geben und diesen mit Klarsichtfolie fest abdecken. Bei 65 °C 1 Stunde ziehen lassen. Anschließend alles durch ein feines Sieb abgießen und die Flüssigkeit in einem Topf auf die gewünschte Konsistenz einkochen. Den Fond mit Galgant und Tomatenserum abschmecken. Mit etwas Xanthanwasser binden und warm stellen.

CARABINERO

- 4 Carabineros
- 20 ml Limettenöl (z. B. Agriverde)
- Weißweinessig
- Knoblauchzehe
- Limettenöl
- Salz

Die Carabineros waschen, trocken tupfen, aus der Schale brechen, das letzte Segment am Fleisch belassen und den Darm am Ende mit einer feinen Pinzette entfernen. Die Fühler zur weiteren Verwendung aufbewahren. Carabinerofleisch mit dem Limettenöl in einen geeigneten Beutel geben und vakuumieren. Bei 56 °C 18 Minuten im Wasserbad garen. Aus Essig, gehacktem Knoblauch, Limettenöl und Salz eine Marinade rühren, 10 Min. ziehen lassen und die Carabineros vor dem Anrichten damit einpinseln.

FÜHLER DER CARABINEROS

- 100 ml Sonnenblumenöl

Das Sonnenblumenöl in einer Pfanne auf 150 °C erhitzen und die Fühler der Carabineros darin frittieren. Auf Küchenpapier abtropfen lassen.

KARTOFFELCREME

- 2 mittelgroße Kartoffeln
- Salz
- 1 Macis

Den Backofen auf 220 °C Ober- und Unterhitze vorheizen. Die Kartoffeln waschen, trocknen und schälen. Die Schalen auf ein Backblech geben und ohne Fett im Backofen 15–20 Minuten goldbraun rösten. Die Kartoffeln in Stücke schneiden und in leicht gesalzenem, kochendem Wasser mit Macis garen. Im Sud auskühlen lassen und über Nacht kalt stellen. Den Sud passieren und in einem Topf erhitzen. Die Kartoffelschalen 20 Minuten darin ziehen lassen. Abgießen und im Mixer mit den Kartoffeln zu einer homogenen Creme verarbeiten. Mit Salz abschmecken.

BROKKOLI

- 1 kleiner Brokkoli mit Blättern
- 2 frische Lorbeerblätter
- 40 ml Quittensaft
- Salz
- 40 g Butter
- 10 ml Mandelöl
- Galgant

Den Brokkoli putzen, waschen und trocken tupfen. Die Röschen abtrennen, den Strunk schälen und längs halbieren. Die Blätter abschneiden und in kaltes Wasser legen. Die Röschen mit Lorbeerblättern und Quittensaft und die Strunkhälften getrennt in kräftig gesalzenem, kochendem Wasser blanchieren. Die Brokkolistücke jeweils herausnehmen und abtropfen lassen. Die Röschen in 20 g Butter in einer Pfanne anrösten und mit Mandelöl glasieren. Mit Salz abschmecken. Die Strunkhälften in der restlichen Butter dünsten. Jeweils eine Strunkhälfte mit einer Blow Torch bräunen und mit fein geschnittenem Galgant würzen. Zum Anrichten jede Strunkhälfte noch einmal halbieren.

GARNITUR

- gerösteter Bergmohn

ANRICHTEN

Je einen Carabinero auf einem Teller platzieren. Je ein Brokkoliestrunkviertel daneben anrichten. Die Kartoffelcreme mithilfe einer Spritzflasche auf die Brokkoliestängel tupfen und die frittierten Carabinerofühler darauf anrichten. Brokkoliröschen arrangieren. Bergmohn über die Carabineros streuen. Zuletzt den Krustentierfond angießen.

KALBSRÜCKEN BERGAMOTTE

REZEPT FÜR 4 PERSONEN | STANDZEIT: 8 STUNDEN

KALBSRÜCKEN

300 g Kalbsrücken
5 g Koji Marinade (s. S. 151)
20 ml Ketjap Manis
Szechuanpfeffer

Den Kalbsrücken waschen und trocken tupfen. Längs halbieren, mit Koji einstreichen und mit Ketjap Manis marinieren. Das Fleisch in Klarsichtfolie einrollen und an beiden Enden fest verknoten. Bei 65 °C im Wasserbad auf eine Kerntemperatur von 56 °C garen. Herausnehmen und mit einer Blow Torch gleichmäßig abflämmen. Mit Szechuanpfeffer würzen und warm stellen.

KALBSJUS

50 ml Portwein
10 ml Tomatenserum Umami (s. S. 151)
20 ml Rotweinessig
500 ml Kalbsfond
30 ml stark eingekochter Krustentierfond (s. S. 37)

Den Portwein in einem Topf erwärmen. Tomatenserum Umami und Rotweinessig zugeben und alles zu einem Sirup einkochen. Mit Kalbsfond aufgießen und auf die gewünschte Konsistenz reduzieren. Mit dem Krustentierfond abschmecken.

GETROCKNETE TOMATEN

2 sardische Tomaten
Salz

Die Tomaten waschen, trocken reiben, quer halbieren und im Dörrautomaten bei 63 °C 8 Stunden trocknen. Im Anschluss leicht salzen.

OKRASCHOTEN

4 Okraschoten
20 ml Sonnenblumenöl
1 EL getrocknete Shrimps
Salz
Safranpulver

Die Okraschoten putzen und waschen. In einer Pfanne im heißen Sonnenblumenöl scharf anbraten, die Temperatur reduzieren und die getrockneten Shrimps dazugeben. Leicht salzen und immer wieder die Flüssigkeit verkochen lassen. Zum Schluss mit Safran bestäuben und warm stellen.

BERGAMOTTE

20 ml Sugo Bergamotte (s. S. 152)
20 ml Bitter Lemon
50 g Agar Agar Basismasse (s. S. 150)

Alle Zutaten zu einer cremigen Masse verrühren und durch ein feines Sieb passieren.

ANRICHTEN

Den Kalbsrücken aufschneiden und auf Tellern anrichten. Okraschoten und getrocknete Tomaten arrangieren. Kalbsjus auftropfen und die Bergamottecreme auftupfen.

Das leichte und zugleich vielschichtige Bergamottearoma vermag viel mehr als Earl Grey Tee zu aromatisieren. Tomatenserum und Krustentierfond verleihen der Kalbsjus eine abwechslungsreiche Mundfülle auf leichte Art.

KARPFEN SOJABOHNEN CEDRI

REZEPT FÜR 4 PERSONEN

KARPFEN

4 Karpfenloins à 80 g
20 ml geröstetes Arganöl
Abrieb von ½ unbehandelten Limette

Die Karpfenloins waschen und trocken tupfen, noch vorhandene Gräten herausziehen und das Fleisch von der Haut lösen. Die Filets mit Arganöl einreiben und den Limettenabrieb darauf verteilen. Bei +2 °C bis zum Anrichten kalt stellen.

BAUCHFLEISCH

80 g Bauchfleisch vom Karpfen
10 ml Sojasauce
10 ml Ketjap Manis

Das Bauchfleisch fein würfeln und mit Sojasauce und Ketjap Manis marinieren, kurz und stark in einer beschichteten Pfanne ohne Fett anbraten.

LIMETTENVINAIGRETTE

Abrieb und Saft von einer unbehandelten Limette
20 ml Limettenöl (z. B. Agriverde)
20 ml Mandelöl
30 ml Fischfond
Fleur de Sel
1 Prise Zucker

Aus den Zutaten eine Vinaigrette rühren und würzig abschmecken. In ein wiederverschließbares Gefäß füllen.

SAUTIERTE SOJABOHNEN

20 g Butter
80 g ausgelöste TK-Sojabohnen
Salz
Korianderkörner

Die Butter in einer Pfanne aufschäumen und die Sojabohnen darin sautieren. Zum Schluss mit Salz und 1 Prise gemörsertem Koriander abschmecken.

CEDRI

1 unbehandelte Cedri (sizilianische Zitrone)

Die Cedri heiß abwaschen und trocken tupfen. Die Schale dünn abreiben. Das Fruchtfleisch von der weißen Haut befreien und diese fein würfeln. In einer beschichteten Pfanne die Haut ohne Fett kurz sautieren und zur Seite stellen. Die Cedri filetieren und das Fruchtfleisch in natürliche Segmente zupfen. Ebenfalls beiseite stellen.

GARNITUR

Korianderblätter

ANRICHTEN

Die Karpfenfilets roh in lange Streifen schneiden und auf Tellern anrichten. Mit der Limettenvinaigrette bestreichen und salzen. Aus dem gebratenen Karpfenbauch, der sautierten Cedri-Haut, dem Cedri-Fruchtfleisch und den Sojabohnen einen Salat herstellen und anlegen. Mit dem Koriandergrün garnieren. Den Abrieb von der Cedri darüber streuen. Den Rest der Vinaigrette außenherum träufeln.

REZEPT FÜR 4 PERSONEN | STANDZEIT: 8 WOCHEN, 2–3 STUNDEN

MAKRELE

- 1 Makrele
- 4 Korianderwurzeln
- 100 ml Kefir
- 50 ml Buttermilch
- Salz

Die Makrele waschen, trocken tupfen und küchenfertig vorbereiten. Die Filets herauslösen. Die Gräten zupfen und die Filets zuschneiden. Die Korianderwurzeln schälen, mit einem Messer andrücken und mit den Filets für 30 Minuten in den Kefir legen. Herausnehmen, abtropfen lassen und mithilfe der Blow Torch auf der Hautseite abflämmen. Mit der Buttermilch einstreichen und nochmal abflämmen. Leicht salzen.

KÜRBIS ROH

- 1 Butternutkürbis
- 20 ml Kaffeeöl (s. S. 151)
- Salz

Den Kürbis halbieren und das Kürbisfleisch mit einem Löffel ausschaben. Das Kürbisfleisch mit dem Kaffeeöl marinieren und salzen. Kalt stellen.

KÜRBISMISO

- 100 g Kürbiskerne vom Butternutkürbis (s. o.)
- 20 g Lupinenmisopaste (s. S. 151)

Die Kürbiskerne abspülen, in ausreichend Wasser weich kochen und mit der Misopaste vermischen. In einem Drahtbügelglas mit Gummidichtung 8 Wochen im Kühlschrank reifen lassen. Anschließend im Mixer fein pürieren und zu einer spritzfähigen Masse verarbeiten.

KÜRBISPÜREE SÜSS-SAUER

- 1 Butternutkürbis
- 20 g Palmzucker
- 35 ml Reisessig
- 15 ml Kokosöl
- Sojasauce
- Salz
- Kürbismiso (s. o.)

Den Kürbis schälen und das Fruchtfleisch in Würfel schneiden. Mit den übrigen Zutaten in einem geeigneten Beutel vakuumieren und bei 85 °C im Wasserbad weich garen. Noch warm im Mixer glatt pürieren. Mit etwas Kürbismiso abschmecken.

FISCHFOND

- 1 kg Fischkarkassen
- 1 l Wasser
- 5 Anissamen
- 40 ml Noilly Prat
- ½ unbehandelte Limette

Alle Zutaten zusammen in einem geeigneten Beutel vakuumieren. Bei 85 °C für 15 Minuten in den Kombidämpfer geben. Herausnehmen und bei 65 °C im Wasserbad 2–3 Stunden ziehen lassen. Anschließend durch ein feines Sieb passieren und in einem Glas mit Gummidichtung aufbewahren

SAUCE

- 100 g Tintenfische
- 2 Tomaten
- 20 ml Olivenöl
- 10 ml Sojasauce
- 200 ml Fischfond (s. o.)
- Kürbismiso (s. o.)
- Salz

Den Backofen auf 220 °C Ober- und Unterhitze vorheizen. Die Tintenfische putzen, waschen, trocken tupfen und im Backofen 3–4 Min. kräftig rösten. Die Tomaten waschen, trocken reiben, den Stielansatz entfernen und das Fruchtfleisch würfeln. Im heißen Olivenöl anschwitzen und mit der Sojasauce ablöschen. Mit dem Fischfond auffüllen und die Tintenfische dazugeben. Den Topf mit Klarsichtfolie abdecken und die Sauce 2 Stunden bei 60 °C ziehen lassen. Durch ein Betterfood-Sieb passieren und mit der Kürbismiso abschmecken. Leicht salzen.

GARNITUR

- fein gehackte, geröstete Kürbiskerne
- Kürbiskernöl (z. B. von Hartel)
- Shisokresse
- Meersalz

ANRICHTEN

Kürbispüree auf die Teller geben. Darüber das rohe Kürbisfleisch anrichten. Die Makrelenfilets neben den Kürbis setzen. Die Kürbismiso mithilfe einer Spritzflasche auftupfen und gehackte Kürbiskerne über das Kürbisfleisch streuen. Das Kürbiskernöl auftropfen und Shisokresse arrangieren. Meersalz darüber streuen. Die Sauce angießen.

MAKRELE KÜRBISMISO

RINDERTAFELSPITZ SENFFRÜCHTE PAPAYA

REZEPT FÜR 4 PERSONEN | STANDZEIT: 2 TAGE, 2 STUNDEN

TAFELSPITZ

- 400 g Tafelspitz vom Wagyu Rind
- 2 Zweige Majoran
- 1 Lorbeerblatt
- 10 ml Tomatenserum (s. S. 151)
- 10 ml Ketjap Manis
- Salz

Das Fleisch waschen und trocken tupfen. Den Majoran waschen und trocken schütteln. Die Zutaten in einen geeigneten Beutel geben, vakuumieren und bei 56 °C 6 Stunden garen. Das Fleisch aus dem Beutel nehmen, abtupfen und auf der Fettseite einschneiden. In einer Pfanne auf der Fettseite anbraten und mit Salz würzen.

RINDFLEISCHSAFT

- 250 ml Rinderfond
- 1 Stück Galgant
- 3 Zitronenblätter
- 5 ml Ingwersaft von eingelegtem Ingwer

Den Rinderfond mit dem in Scheiben geschnittenen Galgant und den Zitronenblättern in einen Topf geben und aufkochen. Den Ingwersaft einrühren. Bis zum Servieren warm halten.

SENFFRÜCHTE

- 1 Birne
- 20 g getrocknete Goijbeeren
- 6 getrocknete Aprikosen
- 5 g Misopaste
- 100 ml Orangensaft
- 1 Sternanis
- 5 Zimtblüten
- 1 Macis
- 3 g Senfpulver

Die Birne und Gojibeeren waschen, trocken tupfen, die Birne schälen. Birnenfruchtfleisch und Beeren in kleine Würfel schneiden. Die Aprikosen fein würfeln. Die Früchte mit der Misopaste mischen. Den Orangensaft mit den Gewürzen außer Senfpulver in einen Topf geben, aufkochen und 2 Stunden ziehen lassen. Durch ein feines Sieb passieren und das Senfpulver unterrühren. Mit den Früchten in einem geeigneten Beutel vakuumieren und bis zur Verwendung kalt stellen.

PAPAYASALAT

- 1 grüne Papaya
- 1 rote Paprikaschote
- 20 g getrocknete Garnelen
- 30 ml Limettenöl
- 2 g Papayapfeffer
- Abrieb von 1 unbehandelten Limette

Die Papaya schälen, die Kerne entfernen und das Fruchtfleisch mit einem Hobel in feine Streifen hobeln. Die Paprika waschen, putzen, entkernen und längs in feine Streifen schneiden. Die getrockneten Garnelen sehr fein hacken. Papaya, Paprika und Garnelen mit dem Limettenöl und dem Papayapfeffer in einem geeigneten Beutel vakuumieren und kalt stellen. Vor dem Servieren den Salat aus dem Beutel nehmen, den Limettenabrieb darüber streuen und alles gut mischen.

FERMENTIERTE SENFKÖRNER

- 50 g Senfkörner
- 100 ml Apfelsaft
- 100 ml Wasser
- 30 ml Apfelessig
- Salz

Die Senfkörner mit den restlichen Zutaten in einem Topf 15 Minuten kochen und zur Seite stellen. 2 Tage reifen lassen und anschließend mit Salz abschmecken.

GARNITUR

- Thymianblättchen
- Senföl (s. S. 151)

ANRICHTEN

Den Papayasalat auf den Tellern anrichten. Tafelspitz aufschneiden und auf den Salat setzen. Die Senffrüchte platzieren. Die Senfkörner darüber streuen und die Thymianblättchen arrangieren. Den Rindfleischsaft angießen und Senföl auftropfen.

RÖSTGEMÜSE GARNELE

REZEPT FÜR 4 PERSONEN

PASTINAKEN

2 kleine Pastinaken
1 schwarze Kardamomkapsel
30 g Butter
Salz

Die Pastinaken schälen, längs halbieren und nebeneinander in einen breiten Topf legen. Die Kardamomkapsel andrücken und dazugeben. Die Butter hinzufügen und leicht salzen. Den Topf mit einem Deckel verschließen und das Gemüse 15–20 Minuten dünsten, bis es Farbe genommen hat. Kurz vor dem Anrichten die Temperatur kurz hochschalten.

PETERSILIENWURZEL

2 kleine Petersilienwurzeln
30 g Butter

Die Petersilienwurzeln putzen, schälen und mit der Butter in einem Topf bei geschlossenem Deckel garen, bis sie goldgelb oder dunkel geröstet sind.

KAROTTEN

2 kleine Karotten
30 g Butter
Salz

Die Karotten putzen, schälen und mit der Butter in einem Topf bei geschlossenem Deckel garen. Nach der Garzeit so lange rösten, bis sie dunkel sind. Kurz auf Küchenpapier abtropfen lassen und mit Salz abschmecken.

SAUCE

150 g gelbe Karotten
10 ml Olivenöl
Salz
20 ml Weißwein
10 ml Weißweinessig
150 ml Gemüsebouillon
1 El Joghurt
Abrieb von 1 unbehandelten Limette

Die Karotten putzen, schälen und in einer Pfanne im heißen Öl kräftig anschwitzen, bis sie Farbe nehmen. Salzen und mit Weißwein ablöschen. Den Essig in den Ansatz rühren und alles so lange dünsten, bis die Karotten weich sind. Den Gemüsefond angießen und die Masse noch warm im Mixer zu einer homogenen Sauce rühren. Den Joghurt dazugeben und mit etwas Limettenabrieb abschmecken. Warm stellen.

GARNELE

4 Garnelen
10 ml Tomatenserum Umami (s. S. 151)
100 ml Sonnenblumenöl

Die Garnelen waschen, schälen und dabei das letzte Schwanzsegment stehen lassen. Die Fühler zur weiteren Verwendung aufbewahren. Mit einem Zahnstocher den Darm entnehmen. Die Garnelen mit dem Tomatenserum Umami in einem geeigneten Beutel vakuumieren und 25 Minuten bei 56 °C garen. Die Fühler im heißen Sonnenblumenöl frittieren und auf Küchenpapier abtropfen lassen.

GARNITUR

schwarze Kardamomkapsel
Cima de Rapa Blätter
Vinaigrette

Das Gemüse auf Tellern arrangieren und die Garnelen auflegen. Die Karottensauce auftupfen und den Kardamom darüber reiben. Die Cima di Rapa Blätter putzen, waschen und trocken schleudern. Mit Vinaigrette beträufeln und anrichten. Die Garnelenfühler platzieren.

UMAMI-INTENSITÄT

3

EINGELEGTE SARDINE
GEFLÜGELSAFT

KARTOFFELCREME

REZEPT FÜR 4 PERSONEN | STANDZEIT: ÜBER NACHT UND 4 STUNDEN 20 MINUTEN

EINGELEGTE SARDINE

- 2 frische Lorbeerblätter
- 10 Korianderkörner
- 8 Pimentkörner
- 200 ml heller Essig
- 30 g Zucker
- 4 g Salz
- 16 küchenfertige Sardinenfilets
- Olivenöl

Die Gewürze in einer Pfanne ohne Fett rösten. Etwas abkühlen lassen, dann den Essig aufgießen. Zucker und Salz dazugeben und unter Rühren auflösen. Die Sardinenfilets in der Gewürzmarinade einlegen und kalt stellen. Nach 1 Stunde herausnehmen und abtupfen. Zum Aufbewahren in Olivenöl legen.

KARTOFFELCREME

- 2 mittelgroße Kartoffeln
- Salz
- 1 Macis
- 1 Zweig Rosmarin

Den Backofen auf 220 °C Ober- und Unterhitze vorheizen. Die Kartoffeln waschen und grob schälen. Die Schalen ohne Fett im Backofen 15 bis 20 Minuten goldbraun rösten. Die Kartoffeln in Stücke schneiden und in leicht gesalzenem Wasser mit Macis und Rosmarin garen. Im Sud auskühlen lassen und über Nacht kalt stellen. Dann den Sud passieren und erhitzen. Die Kartoffelschalen 20 Minuten darin ziehen lassen. Im Mixer mit den Kartoffeln zu einer homogenen Masse verarbeiten und würzig abschmecken. Bei Bedarf warm aufrühren.

GEFLÜGELFOND

- 1 kg Geflügelknochen (von den Flügeln)
- 1,5 l Wasser
- 40 ml Sojasauce (z. B. von Kikkoman)

Die Geflügelknochen abspülen. Alle Zutaten in einen geeigneten Beutel geben und vakuumieren. Bei 85 °C für 20 Minuten in den Kombidämpfer geben. Herausnehmen und bei 65 °C im Wasserbad 3 Stunden ziehen lassen. Anschließend durch ein Betterfoodsieb passieren und in einem wiederverschließbaren Glas aufbewahren.

GEFLÜGELSAFT

- 250 ml reduzierter Geflügelfond (s. o.)
- 2,5 g Agar Agar
- 2 g Lupinenmiso (s. S. 151)

Den Geflügelfond mit dem Agar Agar verrühren und in einem Topf auf 80 °C erhitzen, einmal aufkochen lassen. Die Misopaste einrühren. Den Fond in eine Form gießen und kalt stellen. Sobald er geliert ist, aus der Form lösen und in feine Würfel schneiden.

TOMATE

- 4 Kirschtomaten

Die Kirschtomaten waschen, trocken reiben achteln und das Kerngehäuse herauslösen. Zur weiteren Verwendung beiseitelegen. Die Tomatenspalten in sehr feine Würfel schneiden.

SCHWARZTEEFOND

- 400 ml weißer Tomatenfond (s. S. 145)
- 2 g getrocknete schwarze Teeblätter
- 10 ml Xanthanwasser
- 2 g Liquid Flavour vegetarisch

Den Fond um ein Drittel überm Wasserbad einkochen. Auf 80 °C abkühlen lassen und die Teeblätter darin 4 Minuten ziehen lassen. Den Fond durch ein feines Sieb passieren, mit Xanthanwasser binden und mit Liquid Flavour würzen.

GARNITUR

- 1 getrocknete Romatomate
- 10 ml Tomatenkernöl (z. B. von Hartel)
- gezupfte Holunderblüten
- Abrieb von ¼ unbehandelten Limette

ANRICHTEN

Die Kartoffelcreme in einer rechteckigen Form auf die Teller streichen. Die Sardinen mit etwas Abstand auflegen. Die Tomatenwürfel auf der Creme anrichten und die Geflügelsaftwürfel darüber geben. Die Tomatenkerne auf den Tellern platzieren. Die getrocknete Romatomate in feine Streifen schneiden und seitlich am Rand verteilen. Den Tomatenfond darüber geben. Das Tomatenkernöl auftropfen. Mit Holunderblüten und Limettenabrieb ausgarnieren.

ERBSE KAVIAR ENOKIPILZE

REZEPT FÜR 4 PERSONEN | STANDZEIT: 24 STUNDEN

ERBSENSCHOTEN

6 Zuckerschoten
Salz
Abrieb von ¼ unbehandelten Limette
Limettenöl

Die Schoten waschen und trocken tupfen. Die Erbsen aus den Schoten lösen und die Schoten in allerfeinste Streifen schneiden. Die rohen Erbsen zur Seite stellen. Die Schotenstreifen mit Salz und Limettenabrieb würzen. Das Limettenöl unterheben und abschmecken.

SÜSSKARTOFFELWÜRFEL

1 kleine Süßkartoffel
20 ml Mandelöl
Zuckerschotenstreifen (s. o.)
Salz
Abrieb von 1 unbehandelten Limette

Die Süßkartoffel schälen und in ganz feine Würfel schneiden. Mit dem Mandelöl marinieren und mit Zuckerschotenstreifen vermengen. Leicht salzen und mit Limettenabrieb abschmecken.

ERBSEN

Salz
1 Macis
10 Stängel Minze
100 g frische Erbsen

Wasser stark salzen und mit Macis würzen. Die Minzstängel waschen, trocken schütteln und einige Minuten darin ziehen lassen. Die Erbsen im Wasser weich kochen, abgießen und warm stellen.

ERBSENCREME

1 Stängel Minze
100 g frische Erbsen
Salz
80 ml Sahne
20 g Joghurt
30 g Basic Textur (s. S. 151)
1 schwarze Kardamomkapsel

Die Minze waschen, trocken schütteln und die Blätter abzupfen. Die Erbsen in Salzwasser weich kochen und mit den restlichen flüssigen Zutaten verrühren. Mit geriebenem Kardamom abschmecken und in einen Pacojetbecher füllen. Für 24 Stunden bei -22 °C einfrieren und anschließend pacossieren. Die Creme auftauen lassen, mithilfe eines Handrührgerätes aufschlagen und erneut abschmecken. In einen Spritzbeutel füllen und kalt stellen.

KNOBLAUCHSUD

200 ml klarer Tomatenfond
wenig frischer Knoblauch aus Ägypten
Liquid Flavour vegetarisch (s. S. 152)
Salz
Xanthanwasser

Den Tomatenfond in einem Topf auf 50 °C erhitzen. Den Knoblauch waschen, trocknen und grob schneiden. 10 Minuten im Fond ziehen lassen. Danach wieder entnehmen. Fond mit einigen Tropfen Liquid Flavour abschmecken und salzen. Mit Xanthanwasser binden. Vor dem Gebrauch auf 60 °C erhitzen.

ERBSENSUD

30 g Spinatblätter
2 Stängel Zitronenmelisse
1 kleine Chilischote
marinierte Erbsenschoten (s. o.)
50 ml Knoblauchsud (s. o.)
Xanthanwasser
Salz

Spinat und Zitronenmelisse waschen und trocken schütteln. Die Zitronenmelisseblättchen abzupfen. Die Chilischote waschen, trocknen, andrücken. Alle Zutaten in einen Topf geben, aufkochen und 20 Minuten ziehen lassen. Den Sud durch ein feines Sieb passieren und mit Xanthanwasser binden. Leicht salzen.

GARNITUR

Tomatenserum Push (s. S. 151)
20 g Saiblingskaviar
20 g Forellenkaviar
gefriergetrocknete Erbsen
rohe Erbsen (s. o.)
rohe Enokipilze
Erbsenpulver (s. S. 150)

ANRICHTEN

Die Erbsencreme auf den Tellern anrichten. Tomatenserum Push darüber geben. Die Zuckerschoten, Süßkartoffeln und gekochten Erbsen drum herum verteilen. Saiblings- und Forellenkaviar anlegen. Gefriergetrocknete Erbsen und rohe Erbsen arrangieren. Die Enokipilze waschen, putzen und anrichten, den Erbsensud angießen. Mit Erbsenpulver bestreuen.

Das Geschmackspotenzial der Erbse gilt es erst noch zu entdecken. Die Trilogie aus Erbsen, Erbsencreme und -sud unterstreicht hier im Zusammenspiel mit aromatischem Tomatenfond den feinen Geschmack des Kaviars. Erbsenpulver, gefriergetrocknete und rohe Erbsen bringen in Kombination mit Enokipilzen aromatische Akzente auf die Zunge.

FASAN KÜRBIS APFEL

ESSIG

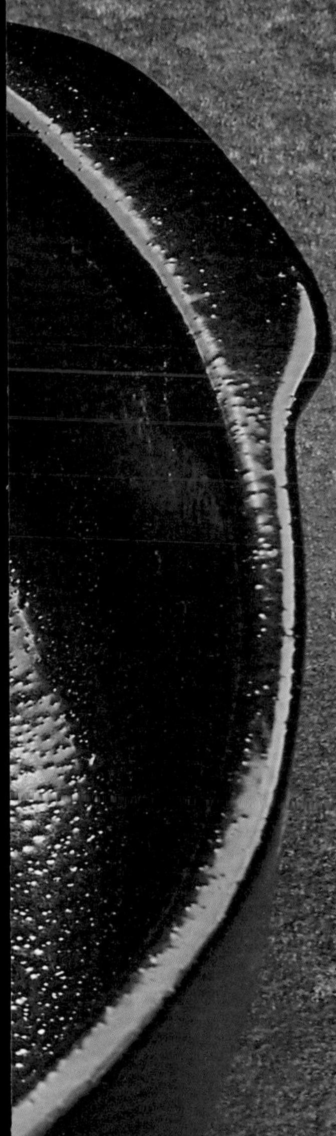

REZEPT FÜR 4 PERSONEN | STANDZEIT: 5 STUNDEN

FASAN

- 4 Fasanenbrüste
- 500 ml 4%ige Salzlake
- 2 Lorbeerblätter
- 2 Wacholderzweige
- 4 Kiefernnadeln
- 20 ml Birkensaft
- 20 g Butter
- Salz

Die Fasanenbrüste waschen, trocken tupfen, von der Haut befreien und diese zur späteren Verwendung aufbewahren. Das Fleisch für 60 Minuten in die Salzlake einlegen. Anschließend herausnehmen, abtupfen und mit den Gewürzen und Birkensaft in einem geeigneten Beutel vakuumieren. Bei 65 °C bis zu einer Kerntemperatur von 56 °C im Wasserbad garen. Die Fasanenbrüste aus der Vakuumierung nehmen, in der aufschäumenden Butter leicht anbraten und salzen.

GERÖSTETE FASANENHAUT

- Haut der Fasanenbrüste (s. o.)
- Öl
- dunkle Misopaste

Den Backofen auf 160 °C Ober- und Unterhitze vorheizen. Die Haut der Fasanenbrüste zwischen zwei Silpatmatten legen mit etwas Öl und dunkler Misopaste bestreichen. Im Backofen 20 Minuten rösten und dabei trocknen.

GEWÜRZBROT

- 20 g Gewürzbrot
- geröstete Fasanenbrusthaut (s. o.)

Das Gewürzbrot in kleine Würfel schneiden und in einer beschichteten Pfanne zu Croutons verarbeiten. Zusammen mit der gerösteten Haut zerbröseln und ein Granulat herstellen. Das Granulat nach dem Braten auf die Fasanenbrust streuen.

APFELESSIGVINAIGRETTE

- 70 ml Apfelsaft
- 20 ml Apfelessig
- etwas Zucker
- etwas Salz
- 1 g Agar Agar

Alle Zutaten miteinander verrühren und 2 Minuten quellen lassen. In einem Topf einmal aufkochen und noch heiß in ein verschließbares Glas füllen. Mindestens 2 Stunden kalt stellen. Anschließend im Mixer 1 Minute auf höchster Stufe durchmixen. In eine Spritzflasche füllen und kalt stellen.

KÜRBIS

- 400 g Butternutkürbis
- 1 g Vadouvan (s. S. 152)
- 4 g Salz
- 20 g Butter
- 20 g Basic Textur (s. S. 151)
- Limettensaft
- 30 ml Wasser

Den Kürbis schälen, 200 g Fruchtfleisch in feine Würfel schneiden und mit den weiteren Zutaten in einem geeigneten Beutel vakuumieren. Bei 85 °C im Wasserbad 50 Minuten garen, entnehmen und noch warm im Mixer zu einem Püree verarbeiten. Würzig abschmecken. Das restliche Kürbisfleisch mit einem Streifenschneider in lange Steifen schneiden. Die Streifen in einen Vakuumbeutel geben, die Apfelessigvinaigrette (s. o.) zufügen und vakuumieren. Mindestens 2 Stunden kalt stellen.

GEFLÜGELJUS

- 100 ml Portwein
- 20 ml Ketjap Manis
- 20 ml dunkler Balsamessig
- 500 ml Geflügelfond
- 10 g Nougat
- Salz

Den Portwein in einem Topf erhitzen. Ketjap Manis und Balsamessig zugeben und alles zu einem Sirup einkochen. Kurz vor dem Karamellisieren mit Geflügelfond aufgießen und auf die gewünschte Konsistenz reduzieren. Nougat montieren und mit Salz abschmecken.

GARNITUR

- gehackter Vadouvan (s. S. 152)

ANRICHTEN

Die Fasanenbrüste auf den Tellern anrichten. Das Kürbispüree auftupfen, die Kürbisstreifen arrangieren und beides mit Vadouvan bestreuen. Geflügeljus und Apfelessigvinaigrette mithilfe einer Spritzflasche auftropfen.

GURKE TEESUD TINTENFISCH GOJIBEEREN

REZEPT FÜR 4 PERSONEN | STANDZEIT: 2 TAGE, 4 STUNDEN, 30 MINUTEN

SENFGURKE

- 1 Salatgurke
- 50 ml Apfelessig, 5 % Säure
- 5 g feines Salz
- 3 g Zucker
- 2 g Senfsamen
- 1 frisches Lorbeerblatt
- 1 kleines Stück Chilischote

Die Salatgurke dünn schälen und längs aufschneiden. Die Kerne mit einem Löffel herauskratzen und die Gurke vierteln. Den Essig mit dem Salz und Zucker verrühren. In einem Topf aufkochen und etwas abkühlen lassen. Die Gewürze mit der Gurke in einen Vakuumbeutel geben und den noch warmen Fond angießen. Vakuumieren und bei Raumtemperatur 4 Stunden reifen lassen. Anschließend weitere 2 Tage im Kühlschrank lagern. Senfgurken bei Bedarf entnehmen und längs zuschneiden. Der beste Reifegrad ist nach 10 Tagen erreicht.

GURKE

- ¼ Salatgurke
- 10 ml Limettenöl
- Salz

Die Gurke dünn schälen, in feine Scheiben hobeln und nebeneinander in einen Vakuumbeutel geben. Das Öl hineingießen und alles vakuumieren. Im Kühlschrank 30 Minuten ziehen lassen. Aus dem Beutel nehmen und erst kurz vor dem Servieren salzen.

TEESUD

- 250 ml Wasser
- 10 g getrocknete Gurken (Asialaden)
- 1 kleiner Zweig Borretsch
- 2 g getrocknete grüne Teeblätter (s. S. 150)
- einige schwarze Senfkörner
- Xanthanwasser

Das Wasser aufkochen, in einer Schüssel über die getrockneten Gurken gießen und auf 80 °C abkühlen lassen. Den Borretsch waschen und trocken schütteln. Mit den übrigen Zutaten zu den Gurken geben und 3 Minuten ziehen lassen. Den Sud durch ein feines Sieb passieren und mit Xanthanwasser binden.

TINTENFISCH

- 12 kleine Tintenfische
- 30 ml Umamifond (s. S. 111)

Die Tintenfische waschen, putzen und zuschneiden. Den Umamifond in einem Topf aufkochen und die Tintenfische darin weich dünsten. Herausnehmen und warm stellen. Den Sud langsam einkochen, bis die Flüssigkeit verdunstet ist und das ausgetretene Eiweiß zu stocken beginnt. Das Eiweiß unter Rühren etwas anrösten und aus dem Topf lösen. Bis zum Servieren warm halten.

GOJIBEEREN

- 50 g getrocknete Gojibeeren
- 100 ml roter Traubensaft
- 1 Msp. Rote-Bete-Granulat
- Cayennepfeffer
- Salz

Die Beeren im Traubensaft 15 Minuten einweichen und anschließend mit Granulat und Pfeffer im Mixer zu einer feinen Creme pürieren. Mit Salz abschmecken. Zum Servieren in eine Spritzflasche füllen.

GARNITUR

- gezupfter Friséesalat
- frittierter Wildreis

ANRICHTEN

Die Senfgurkenstreifen zum Erwärmen kurz sautieren und den Saft ablaufen lassen. Auf Tellern anrichten und die rohen Gurkenscheiben von beiden Seiten anlegen. Den Teesud angießen und die Tintenfische platzieren. Die Beerencreme auftupfen und mit Friséesalat garnieren. Den Wildreis und das geröstete Tintenfischeiweiß dekorativ verteilen.

HUMMER HASELNUSS CURRY TEMPEH

REZEPT FÜR 4 PERSONEN | STANDZEIT: 24 STUNDEN

HUMMER

- 4 Hummerschwänze
- 40 ml Limettenöl
- 20 ml Haselnussöl
- Salz

Die Hummerschwänze waschen und trocken tupfen. Das Hummerfleisch aus den Schalen lösen. Am unteren Ende kurz einschneiden und den Darm herausziehen. Das Hummerfleisch mit den Ölen in einem geeigneten Beutel vakuumieren und bei 56 °C 15 Minuten garen. Herausnehmen und salzen.

CURRYSAUCE

- 2 g Kaschmir Curry
- 3 g Ras el Hanout
- 2 g Kurkumapulver
- 2 Zitronenblätter
- 30 ml Weißwein
- 150 ml Krustentierfond (s. S. 37)
- 100 ml Kokosmilch
- Limettenöl

Die Gewürze in einem Topf ohne Fett rösten und mit dem Weißwein ablöschen. Mit dem Krustentierfond auffüllen und kurz reduzieren lassen. Die Zitronenblätter entfernen und die Kokosmilch angießen. Mit Limettenöl abschmecken und fein passieren.

TEMPEH

- 500 g getrocknete Sojabohnen
- 1,5 l Wasser
- 60 g Apfelessig
- 2 g Anapurna Curry
- 1 g Kurkumapulver
- 1,5 g Tempeh Starter (s. S. 152)

Die Sojabohnen über Nacht in Wasser und Apfelessig einweichen. Am nächsten Tag die Bohnen abgießen und in einem Topf mit frischem Wasser zum Kochen bringen. 20 Minuten kochen, abgießen, in eine Schüssel mit kaltem Wasser geben und die Bohnenhülsen lösen. Die Hülsen abschöpfen und die Bohnen in einem Sieb abspülen. Die Bohnen im Anschluss in Wasser weich kochen, abgießen und auf 30 °C abkühlen lassen. Anschließend in einer Schüssel mit Curry, Kurkuma und dem Tempeh-Starter vermischen. Die Bohnenmischung in einen Fermentationsbehälter füllen und diesen verschließen. Bei 29–35 °C 24 Stunden warm stellen.

FRITTIERTER TEMPEH

- 100 ml Erdnussöl
- 8 Scheiben Tempeh (s. o.), 0,2 cm dick geschnitten
- Salz

Das Öl in einem hohen Topf auf 160 °C erhitzen und die Tempehscheiben darin kross frittieren. Auf einem Küchenpapier abtropfen lassen. Leicht salzen und zerbröseln.

NADELBOHNEN

- 200 g Keniabohnen
- 20 g Butter
- 10 Shiitakepilzöl
- Salz
- ¼ Bund Koriander

Die Bohnen putzen, waschen und in kochendem Wasser blanchieren. Herausnehmen, abtropfen lassen und in feine Streifen schneiden. In einer Pfanne mit der Butter glasieren. Mit dem Shiitakepilzöl abschmecken und leicht salzen. Den Koriander waschen, trocken schütteln, die Blättchen abzupfen, fein hacken und unterheben.

GARNITUR

- Nigella (s. S. 152)
- Tomatenflocken
- Koriandergrün

ANRICHTEN

Die Bohnen auf den Tellern verteilen. Das Hummerfleisch in Stücke schneiden und platzieren. Tempehbrösel arrangieren. Nigella und Tomatenflocken darüber geben. Die Currysauce angießen. Mit Koriandergrün ausgarnieren.

KALBSLEBER

- 500 g Kalbsleber
- 8 g Apfelblütensalz (s. S. 150)

Den Backofen auf 80 °C Ober- und Unterhitze vorheizen. Die Kalbsleber parieren, trocken tupfen und in Scheiben zuschneiden. Mit einem Bunsenbrenner von beiden Seiten abflämmen. Im Backofen auf eine Kerntemperatur von 58 °C garen. Mit Apfelblütensalz würzen bis zum Anrichten warm stellen.

KALBSFOND

- 1 kg Kalbsknochen (wenn möglich von der Brust)
- 1,5 l Wasser
- 40 ml Sojasauce (z. B. Kikkoman)
- 1 Lorbeerblatt
- 4 Pimentkörner
- 1 Stück Kombualge
- 1 angedrückte Knoblauchzehe

Die Knochen waschen, trocken tupfen und in walnussgroße Stücke sägen. Alle Zutaten in einem geeigneten Beutel vakuumieren. Bei 85 °C für 25 Minuten in den Kombidämpfer geben. Herausnehmen und bei 65 °C im Wasserbad 6 Stunden ziehen lassen. Anschließend durch ein Betterfoodsieb passieren und in einem verschließbaren Glas mit Gummidichtung aufbewahren.

KALBSJUS

- 1 Stück Sternanis
- 200 ml Portwein
- 20 ml Ketjap Manis
- 10 ml dunkler Balsamessig
- 500 ml Kalbsfond (s. o.)

Den Sternanis in einem Topf ohne Fett rösten. Mit Portwein ablöschen, Ketjap Manis und Balsamessig zugeben und alles zu einem Sirup einkochen. Mit Kalbsfond aufgießen und auf die gewünschte Konsistenz reduzieren.

MISOMANDELN

- 50 g geschälte ganze Mandeln
- 200 ml Rapsöl
- 20 g Shiro-Misopaste

Die Mandeln mit dem kalten Öl in eine Pfanne geben. Bei zunehmender Temperatur und unter ständigem Bewegen der Pfanne goldbraun rösten. In ein Sieb mit Auffangbehälter schütten, dabei das Öl auffangen. Die Mandeln noch warm mit einem Plättiereisen zerdrücken und mit der Shiro-Misopaste vermengen.

FERMENTIERTER APFEL

- 2 Granny Smith Äpfel
- 30 ml Kastanienblütenessig
- 100 ml Birkenwasser
- 40 g Zucker
- 4 g Djah Oftadeh (s. S. 152)
- ½ Bund Minze
- ½ Bund Koriander

Die Äpfel waschen, schälen, entkernen und in Spalten schneiden. Aus Kastanienblütenessig, Birkenwasser, Zucker und Djah Oftadeh einen Sud herstellen. Den Sud einmal aufkochen. Die Apfelspalten in ein Drahtbügelglas füllen und mit dem Sud übergießen. 5 Tage bei 38 °C reifen lassen und anschließend 4 Monate im Kühlschrank lagern. Zwischendurch immer wieder die Äpfel mit der Flüssigkeit benetzen. Zur weiteren Verarbeitung den Sud abgießen und in einem Topf reduzieren. Aus den Äpfeln ein Kompott bereiten. Den Sud unterheben. Die Kräuter waschen, trocken schütteln, die Blättchen abzupfen und fein hacken. Unter die ausgekühlte Masse heben.

GARNITUR

- Meersalz
- 2 El rohe Apfelwürfel
- Majoranblätter
- frische Apfelblüten
- 1 Braeburn Apfel

ANRICHTEN

Die Leber aufschneiden, auf den Tellern anrichten und mit etwas Meersalz bestreuen. Aus dem Apfelkompott Nocken formen und links neben die Leber setzen. Die Misomandeln darüber geben, rohe Apfelwürfel darauf verteilen und mit Majoranblättern und Apfelblüten ausgarnieren. Den Braeburn Apfel waschen, trocken tupfen, das Fruchtfleisch in sehr feine Streifen schneiden und auf die Apfelnocke setzen. Die Kalbsjus mithilfe einer Spritzflasche auftropfen lassen.

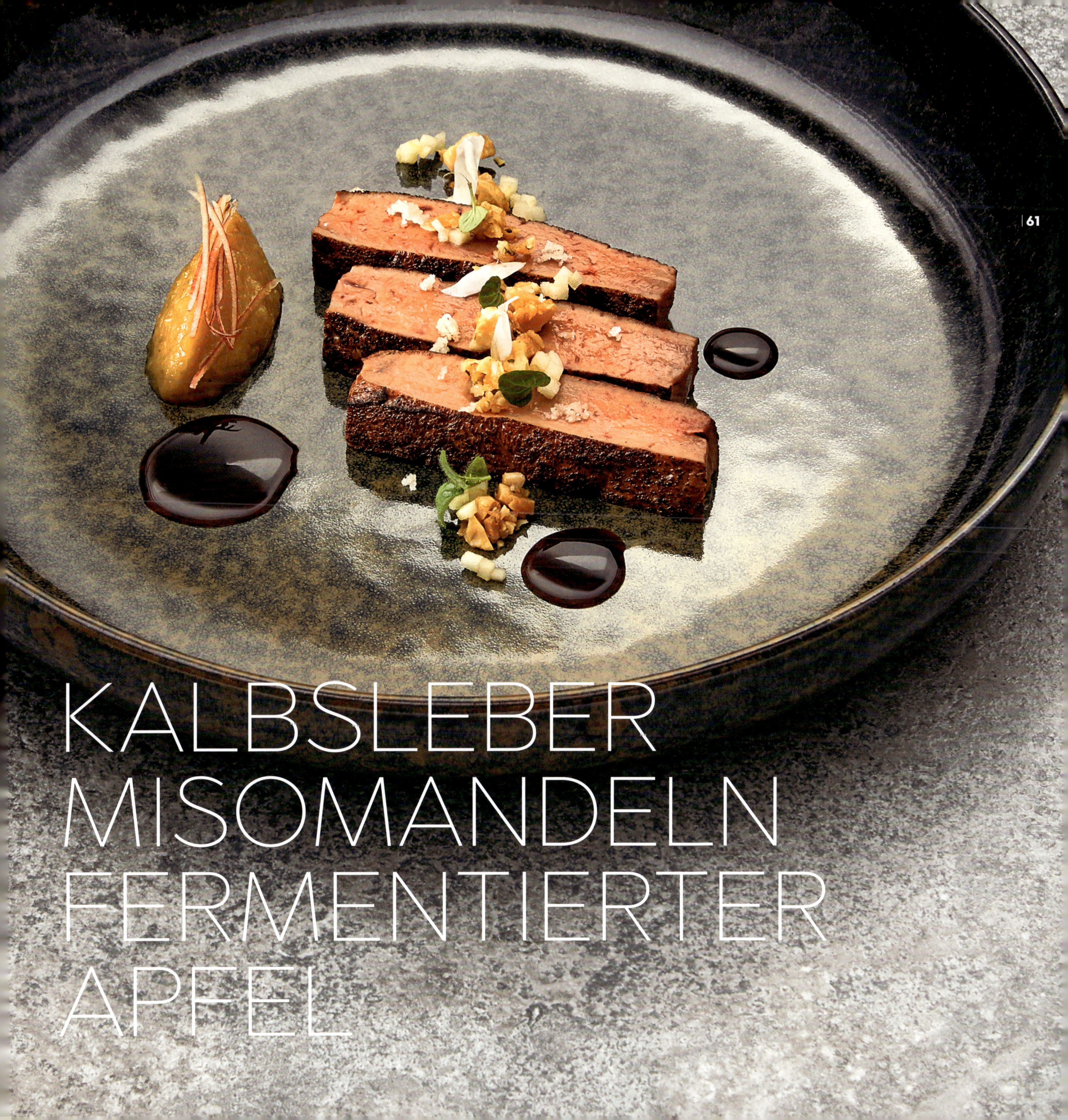

KALBSLEBER MISOMANDELN FERMENTIERTER APFEL

Tomaten zum Dessert. In Kombination mit Castello Blue Eiscreme und Kräutern entsteht so ein filigraner Teller, der Leichtigkeit mit Aroma und Frische verbindet.

KIRSCHTOMATEN BLUE CHEESE SAFRANFOND

REZEPT FÜR 4 PERSONEN | STANDZEIT: 2 TAGE UND 18 STUNDEN

SÜSSE TOMATEN

- 300 g Kirschtomaten L'Amuse
- 100 g Akazienhonig
- 200 ml Wasser
- 1 Sternanis
- 2 Nelken
- Mark von ½ Vanilleschote
- 2 lange Pfefferschoten
- 1 Macis
- 5 tasmanische Pfefferkörner
- 4 Pimentkörner
- 1 g Safranfäden
- 20 ml Xanthanwasser

Die Tomaten waschen. Den Honig zusammen mit dem Wasser in einem Topf aufkochen und die Tomaten darin kurz blanchieren. Auf einem Blech schnell auskühlen lassen und anschließend sofort häuten. Die Tomatenhäute zur weiteren Verwendung beiseite stellen. Das Honigwasser mit den Gewürzen zu einem Sirup einkochen, auskühlen lassen und über die gehäuteten Tomaten geben. In einem geeigneten Beutel vakuumieren und 12 Stunden marinieren. Danach die Tomaten mit einem Sieblöffel vorsichtig aus dem Sud nehmen, die Gewürze entfernen und den Safransud mit Xanthanwasser binden.

TOMATENHAUT

- Safranpulver
- 30 ml Zuckersirup
- Tomatenhäute (s. o.)

Das Safranpulver mit dem Zuckersirup verrühren und die Tomatenhäute darin marinieren. Die Häute auf Silpatmatten auslegen und im Dörrautomaten bei 63 °C mindestens 12 Stunden trocknen.

MANDELN

- 50 g geschälte Mandeln
- 200 ml Sonnenblumenöl

Die Mandeln zusammen mit dem kalten Öl in eine Pfanne geben. Bei hoher Temperatur und unter ständigem Bewegen der Pfanne rösten. In ein Sieb mit Auffangbehälter abgießen. Anschließend die Mandeln auf einem Küchenpapier entfetten.

CASTELLO BLUE EISCREME

- 130 ml Wasser
- 1,5 g Iota (s. S. 152)
- 60 g Castello Blue
- 140 g griechischer Joghurt
- 60 g Sauerrahm
- 60 g Rosmarinhonig

Das Wasser mit dem Iota in einen Topf geben und auf 85 °C erhitzen. Den Castello mit dem Joghurt, Sauerrahm und Honig fein mixen. Die Masse in das Wasser geben und schnell verrühren. In einem Pacojetbecher für 24 Stunden bei -22° gefrieren. Bei Bedarf das Eis pacossieren.

CASTELLO BLUE

- 50 g Castello Blue
- 50 g Maltodextrin

Den Castello Blue mit dem Maltodextrin vermengen und stückchenweise auf einer Silpatmatte verteilen. Bei 65 °C im Dörrautomaten 18 Stunden trocknen. Danach zu einem feinen Pulver morsern.

GARNITUR

- Basilikumspitzen
- Korianderspitzen
- Minzspitzen
- frischer Castello Blue

ANRICHTEN

Die Tomaten auf den Tellern anrichten. Die gerösteten Mandeln verteilen und die getrockneten Tomatenhäute arrangieren. Die Kräuterspitzen anlegen und den Safransud darüber gießen. Je eine Eisnocke auf die Teller setzen. Getrockneten Castello Blue darüber streuen. Frischen Castello Blue zerzupfen und verteilen.

REZEPT FÜR 4 PERSONEN | STANDZEIT: 8 WOCHEN, 7 STUNDEN

KOHLRABI

1 Kohlrabi mit Blattgrün
4 g grobes Salz
20 ml Haselnussöl
Salz
30 g Butter

Die Blätter vom Kohlrabi abzupfen, waschen und trocknen. Die Stängel zur Weiterverwendung beiseitelegen. Blätter mit dem groben Salz und Haselnussöl in einem geeigneten Beutel vakuumieren und 6–8 Wochen im Kühlschrank reifen lassen. Von der Kohlrabiknolle die Haut dünn abschälen. Aus dem Kohlrabifruchtfleisch mit einem runden Ausstecher Halbmonde ausstechen. Die Kohlrabiabschnitte anderweitig verwenden. Die Halbmonde in kochendem Salzwasser blanchieren und in Butter glasieren.

KOHLRABISTÄNGEL

3 Kohlrabistängel (s. o.)
Salz
20 g Butter
1 getrocknete und gemahlene Vanilleschote
4 Scheiben Bottarga

Die Stängel dünn schälen und in kochendem Salzwasser (20 g/l) blanchieren. In Eiswasser abschrecken. Die Butter in einer Sauteuse erhitzen und etwas von dem Kochfond dazugeben. Die Stängel darin blanchieren und die Vanille einrühren. Den Bottarga zum Erwärmen mit in die Sauteuse legen und mit einem Deckel abdecken.

SCHELLFISCH

400 g Schellfischloin
500 ml 3 %ige Salzlake
30 g Nussbutter
Kohlrabiblätter (s. o.)

Den Schellfisch waschen, trocken tupfen und für 60 Minuten in die Salzlake einlegen. Herausnehmen und abtupfen. In Klarsichtfolie einwickeln und 6 Stunden im Kühlschrank reifen lassen. Die Folie entfernen und den Fisch mit der Nussbutter einstreichen. Den Schellfisch mit den Kohlrabiblättern umwickeln und fest in Klarsichtfolie einrollen. Die Enden fest verknoten und den Fisch bei 56 °C für 18 Minuten im Wasserbad garen. Mit der Folie in Scheiben schneiden und erst dann die Folie abziehen.

GEBACKENER INGWER

25 g Ingwer
Speisestärke (z. B. Mondamin)
200 ml Erdnussöl zum Ausbacken

Den Ingwer schälen und in 2 x 2 mm kleine Würfel schneiden. In etwas Speisestärke wälzen, in einem Sieb die überflüssige Stärke abschütteln. Das Erdnussöl in einem tiefen Topf erhitzen und die Ingwerwürfel darin goldgelb ausbacken. Auf einem Küchentuch abtropfen lassen.

MARINIERTER INGWER

250 g Ingwer
6 g Salz
12 g Zucker
4 Shisoblätter
100 ml Essig

Den Ingwer schälen und längs in feine Scheiben schneiden. Mit dem Salz in einer Schüssel verkneten. Den Zucker in warmem Wasser unter Rühren auflösen. Den Ingwer mit den Shisoblättern vermengen und in ein Drahtbügelglas geben. Das Zuckerwasser mit dem Essig versetzen und über den Ingwer gießen. Das Glas verschließen und 3 Tage bei Zimmertemperatur stehen lassen, dann kalt stellen. Nach 8 Wochen kann der erste Ingwer entnommen werden. Die Lake zur Weiterverwendung beiseite stellen.

GEFLÜGELSAFT

250 ml Geflügelfond (s. S. 51)
10 g Galgant
Ingwerlake (s. o.)
Xanthanwasser

Den Geflügelfond mit dem Galgant mischen und in einem Topf aufkochen lassen. Mit der Ingwerlake vermischen. Mit etwas Xanthanwasser binden.

GARNITUR

roter Kerbel
10 g marinierter Ingwer (s. o.)

ANRICHTEN

Die Schellfischstücke auf die Teller verteilen. Die Kohlrabimonde anlegen. Die Kohlrabistängel darüber geben. Den gebackenen Ingwer arrangieren. Mit rotem Kerbel garnieren. Den Geflügelsaft angießen. Den eingelegten Ingwer in hauchdünne Scheiben schneiden und auf dem Fisch platzieren.

KOHLRABI SCHELLFISCH GEFLÜGELSAFT INGWER

KRÄUTERSEITLING
GERAUCHTE

Kleine Abwechslung, große Geschmacksveränderung: Kaffeeölvinaigrette und Sojasauce verleihen den Seitlingen aromatische Abwechslung, die leichte Crème fraîche gewinnt durch das am Gaumen überraschende Raucharoma an Tiefe.

PETERSILIENSUD CRÈME FRAÎCHE

REZEPT FÜR 4 PERSONEN | STANDZEIT: ÜBER NACHT

KRÄUTERSEITLING

6 Kräuterseitlinge
10 ml Sojasauce
40 g Butter
6–8 Korianderkörner
Salz
Kaffeeölvinaigrette (s. S. 150)

Die Seitlinge waschen und trocken tupfen. 2 Seitlinge halbieren und zur Seite stellen. Die übrigen Seitlinge in dünne Scheiben schneiden, mit der Sojasauce marinieren und vakuumieren. Die halbierten Seitlinge in der erwärmten Butter in einer Pfanne mit den Korianderkörnern anbraten, salzen, einmal wenden, aus der Pfanne nehmen und warmstellen. In der Zwischenzeit die vakuumierten Seitlinge in der noch verbliebenen Butter in der Pfanne kurz anschwenken und mit etwas Vinaigrette abschmecken.

PETERSILIENSUD

1 Bund glatte Petersilie
200 ml heller Umami Fond (s. S. 111)
ungeröstetes Sesamöl

Die Petersilie waschen, trocken schütteln und die Hälfte der Blätter abzupfen. Den Rest mit den Stielen und Stängeln entsaften und den Saft mit dem hellen Umami Sud vermischen. Etwas Sesamöl unterrühren und die Sauce warmstellen. Restliche Blätter für das Pesto verwenden.

PETERSILIENPESTO

500 g glatte Petersilienblätter (inkl. Rest von oben)
200 ml Olivenöl
50 g geröstete Pinienkerne
gehackter Knoblauch
Salz, Pfeffer

Die Petersilienblätter waschen, trocken schütteln. Mit den übrigen Zutaten und dem Rest der Blätter von oben im Küchenmixer zu einer homogenen Masse verarbeiten.

PETERSILIENTATAR

1 Bund glatte Petersilie
20 g Butter
Salz
2 EL gedünsteter Cous Cous
20 g geröstete Pinienkerne
30 ml Olivenöl

Die Blattpetersilie waschen. Die Blätter abzupfen und in feine Streifen schneiden. Die Stängel in feine Scheiben schneiden und tropfnass in der Butter anschwitzen. Leicht salzen und knackig garen. Den Cous Cous dazu geben und erhitzen. Die gehackten Pinienkerne unterschwenken und mit dem Olivenöl vermengen. Salzen und zum Schluss die Streifen der Blattpetersilie unterheben.

GERAUCHTE CRÈME FRAÎCHE

80 g Crème fraîche
5 ml Essig
Salz

Die Crème fraîche mit Essig verrühren und mit Salz abschmecken. Mithilfe eines Handrührgerätes aufschlagen und in ein wiederverschließbares Gefäß geben. Mit einer Räucherpfeife Rauch unter den Deckel geben. Die Crème fraîche 20 Minuten mit dem Rauch reifen lassen. In einen Spritzbeutel geben und kalt stellen.

KAROTTEN

100 g Karotten
30 g Zucker
20 g Honig
40 ml Apfelsaft
50 g Basic Textur (s. S. 151)

Die Karotten waschen, schälen und grob zerkleinern. Mit dem Zucker, Honig und Apfelsaft in einen Topf geben und verkochen lassen. Durch ein feines Sieb passieren. Auf 80 ml einkochen und mit der Basic Textur verrühren. Dünn auf eine Silpatmatte streichen und im Dörrautomaten über Nacht trocknen lassen.

GARNITUR

gezupfte Stiefmütterchenblüten
Petersilientatar (s. o.)

ANRICHTEN

Das Petersilientatar auf dem Teller kreisrund anrichten. Einen Teil der Pilzwürfel verteilen und den halbierten Pilz an den Tellerrand platzieren. Mit der Karottenplatte abdecken und die Cremes und Blüten auftupfen und verteilen. Das Petersilienpesto neben dem Pilz platzieren und den Sud angießen.

GERÖSTETE GERSTE LAMMRÜCKEN MALZ

REZEPT FÜR 4 PERSONEN | STANDZEIT: CA. 1 STUNDE

GERSTE

- 100 g Gerste
- 200 ml Geflügelfond (s. S. 51)
- 30 g Butter
- Salz

Die Gerste in einer beschichteten Pfanne unter Schwenken stark rösten, so dass sie fast dunkelbraun ist. Einen Teil davon herausnehmen und auskühlen lassen. Den Rest im Topf mit dem Geflügelfond aufgießen und garen. Die Butter unterheben und salzen.

LAMMRÜCKEN

- 300 g Lammrücken
- 10 g Ducca (s. S. 152)
- 30 g Butter
- Salz

Den Lammrücken waschen, trocken tupfen, Fett abschneiden und für später beiseitelegen. Fleisch mit Ducca bestreuen, fest in Klarsichtfolie einrollen und diese an beiden Enden gut verknoten. Bei 65 °C bis zu einer Kerntemperatur von 56 °C im Wasserbad garen. Die Butter in einer Pfanne zu Nussbutter werden lassen und passieren. Das Lammfleisch aus der Folie wickeln und in der heißen Nussbutter kurz aufschäumen lassen. Herausnehmen und leicht salzen.

BLUMENKOHLPÜREE

- 200 g Blumenkohlröschen
- 50 ml Gemüsefond
- 1 Macis
- 40 g Butter
- 2 g Salz

Die Blumenkohlröschen waschen und trocken tupfen. Alle Zutaten in einen geeigneten Beutel geben, vakuumieren und bei 85 °C 60 Minuten garen. Anschließend mithilfe eines Mixers zu Püree verarbeiten. Vor dem Anrichten aus dem Püree kleine Nocken formen.

MALZMAYONNAISE

- 1 Flasche Malzbier
- 4 g Malzpulver
- 2 g Agar Agar
- 20 ml Tigernussöl
- Salz

Das Malzbier auf die Hälfte reduzieren und Malzpulver dazu geben. Das Agar Agar montieren und einmal aufkochen. In einer Schale 2 Stunden auskühlen lassen und im Mixer auf höchster Stufe fein mixen. Das Öl einrühren und mit Salz abschmecken.

GERÖSTETE GERSTENGRAUPEN

- 100 g Gerstengraupen
- 400 ml Gemüsebrühe (z. B. von Knorr)
- Salz
- 10 ml Arganöl

Die Graupen bei mittlerer Temperatur in einem Topf ohne Fett anrösten, bis sie etwas Farbe angenommen haben. Mit Gemüsebrühe auffüllen. Salzen und so lange kochen, bis die Masse leicht bindet. Mit Arganöl abschmecken.

GERSTE

- 40 g ungeschälte Gerste

Die Gerste in einem Topf bei starker Hitze unter ständigem Rühren dunkelbraun rösten. Auskühlen lassen und im Mörser grob zerkleinern.

LAMMJUS

- je 1 Zweig Rosmarin und Thymian
- 1 Knoblauchzehe
- 80 ml Rotwein
- 20 ml Ketjap Manis
- 20 ml dunkler Balsamessig
- 500 ml Lammfond

Die Kräuter waschen und trocken schütteln. Den Knoblauch in der Schale zerdrücken. Den Rotwein in einem Topf erwärmen. Ketjap Manis und Balsamessig zugeben und alles zu einem Sirup einkochen. Mit Lammfond aufgießen, Kräuter und Knoblauch zugeben und auf die gewünschte Konsistenz reduzieren. Kräuter und Knoblauch entnehmen.

GARNITUR

- Koriander
- Lammfett (s. o.)
- Malzmayonnaise (s. o.)

ANRICHTEN

Den Lammrücken aufschneiden und auf den Tellern platzieren. Geröstete und zerkleinerte Gerste kreisförmig daneben anrichten und Malzmayonnaise aufspritzen. Nocken aus Blumenkohlpüree auf die Gerste geben. Lammfett daneben legen. Mit Koriander ausgarnieren. Die Lammjus angießen.

REZEPT FÜR 4 PERSONEN | STANDZEIT: 1 TAG, 2 STUNDEN

BOHNEN

- 100 g TK-Sojabohnen
- Salz
- 1 Stängel Minze
- 80 g saure Sahne
- 30 g Basic Textur (s. S. 151)
- 1 schwarze Kardamomkapsel

Die Bohnen in Salzwasser weich kochen. Die Minze waschen, trocken schütteln und die Blätter abzupfen. Die Bohnen mit den restlichen Zutaten verrühren, abschmecken und in einen Pacojetbecher füllen. Für 24 Stunden bei -22° einfrieren und anschließend pacossieren. Die Creme auftauen lassen, aufrühren und mit geriebenem Kardamom abschmecken. Bis zur Verwendung kaltstellen.

PAPAYA

- 1 große Papaya
- 30 ml Limettenöl
- Salz
- 10 ml Reisessig

Die Papaya schälen, halbieren, entkernen und in rechteckige Stücke schneiden. Mit dem Limettenöl, Salz und Reisessig mischen. In einen geeigneten Beutel geben, vakuumieren und 2 Stunden bei Zimmertemperatur stehen lassen. Die Kerne aufbewahren.

PAPAYASUD

- 200 ml Umami-Bouillon (s. S. 80)
- 10 g getrocknete Papayablätter
- Xanthanwasser
- Abrieb von 1 unbehandelten Limette

Den Sud in einem Topf auf 80 °C erwärmen und die Papayablätter darin 4 Minuten ziehen lassen. Durch ein feines Sieb passieren und mit wenig Xanthanwasser binden. Mit Limettenabrieb abschmecken.

RAUCHWALNÜSSE

- 50 g geschälte Walnüsse
- 80 ml Rapsöl
- Salz
- gehobeltes Papayaholz

Die Walnüsse in einer Pfanne im Öl bei steigender Temperatur und unter stetigem Schwenken goldgelb rösten. In einem Sieb abtropfen lassen und sofort salzen. Das Öl auffangen. Mit einer Räucherpfeife das Papayaholz anzünden und die noch warmen Walnüsse in einen Topf mit Deckel geben. Den Rauch unter den Deckel leiten, Topf verschließen und stehen lassen, bis der Rauch sich vollkommen gesetzt hat. Die Walnüsse nach dem Räuchern grob zerbrechen und warm stellen.

KORIANDERWURZELN

- 12 Korianderwurzeln mit Grün
- Salz
- 10 ml Specköl (s. S. 151)

Die Korianderwurzeln vom Grün befreien, in kochendem Salzwasser garen und anschließend schälen. Das Grün waschen, trocken schütteln und mit dem Specköl marinieren.

GARNITUR

- Baharat (s. S. 152)
- gezupfte Tahoonkresse

ANRICHTEN

Die Bohnencreme großzügig auf die Teller streichen. Baharat darüber streuen. Die Papaya anrichten und die Korianderwurzeln mit Grün arrangieren. Einige Papayakerne aufsetzen. Mit Rauchwalnüssen und Tahoonkresse ausgarnieren. Papayasud angießen.

PAPAYA BOHNENCREME

PILZE BOHNEN

REZEPT FÜR 4 PERSONEN | STANDZEIT: ÜBER NACHT, 4 STUNDEN

KARTOFFELCREME

2 mittelgroße Kartoffeln
Salz
1 Macis

Den Backofen auf 220 °C Ober- und Unterhitze vorheizen. Die Kartoffeln waschen, trocken tupfen und grob schälen. Die Schalen ohne Fett im Backofen etwa 15 bis 20 Minuten goldbraun rösten. Anschließend bis zur Verwendung beiseite stellen. Die Kartoffeln in Stücke schneiden und in mild gesalzenem Wasser mit Macis garen. Im Sud auskühlen lassen und über Nacht kaltstellen. Die Kartoffeln über einem Sieb abgießen. Den Sud auffangen und erhitzen. Die Kartoffelschalen 20 Minuten darin ziehen lassen, herausnehmen und abtropfen lassen. Bis zur weiteren Verwendung beiseite stellen. Den Sud und die Kartoffeln im Mixer zu einer homogenen Masse verarbeiten und würzig abschmecken. Bei Bedarf warm aufrühren.

SHIITAKEPILZCREME

60 g Shiitakepilze
20 g Butter
1 TL Misopaste

Die Pilze feucht abreiben und putzen. In einer Pfanne in der heißen Butter anbraten und anschließend weich dünsten. Mit der Misopaste im Mixer fein pürieren und bei Bedarf die Kartoffelcreme von oben damit abschmecken.

SHIMEJI PILZE

50 g Shimeji Pilze
20 g Butter
Umamisalz (s. S. 149)

Die Pilze feucht abreiben, putzen und in der heißen Butter anbraten. Mit Umamisalz würzen.

SHIMEJI PILZKÖPFE

40 Shimeji Pilzköpfe
20 ml Pflaumenessig
Zucker
Salz

Die Pilzköpfe feucht abreiben, putzen und im Pflaumenessig marinieren. Mit Zucker und Salz abschmecken.

PFLAUMENCREME

Kartoffelschalen (s. o.)
Sonnenblumenöl
100 g kalifornische Pflaumen ohne Stein
15 g dunkle Misopaste
80 ml Gemüsefond
Chiliöl

Die Kartoffelschalen im heißen Sonnenblumenöl frittieren und auf Küchenpapier abtropfen lassen. Einen Teil der Schalen mit den restlichen Zutaten im Mixer zu einer Creme verarbeiten und durch ein Sieb passieren. Es soll eine leicht fließende Creme sein. Mit Chiliöl abschmecken. Die restlichen Schalen anderweitig verwenden.

PFLAUMENSAUCE

40 ml Pflaumenessig
40 ml Pflaumensaft
20 g Pflaumencreme (s. o.)
50 g Pflaumenmus
Chiliöl
3 g Umeboshipaste

Die Pflaumenzutaten in einen Topf geben und bei geringer Temperatur köcheln, bis eine feste Konsistenz entstanden ist. Mit wenig Chiliöl und Umeboshipaste abschmecken. In einem Mixer zu einer homogenen Masse verarbeiten und kaltstellen. Zum Servieren in eine Spritzflasche füllen.

BOHNENGRANITÉ

500 g Keniabohnen
20 ml Läuterzucker
10 ml Birnenessig

Die Bohnen waschen, putzen und entsaften. Den Saft in einem Topf auf 65 °C erhitzen. Mit den übrigen Zutaten verrühren und in einem flachen Gefäß mindestens 4 Stunden gefrieren. Bei Bedarf Bohnengranitéstücke entnehmen.

GARNITUR

Bohnenkrautblüten
gekochte und in Scheiben geschnittene Keniabohnen

ANRICHTEN

Die Kartoffelcreme auf den Tellern platzieren. Die Pilze in der Creme arrangieren. Die marinierten Pilzköpfe anrichten und die Keniabohnenscheiben verteilen. Die Pflaumensauce auftropfen und die Pflaumencreme auftupfen. Bohnengranité anlegen und mit Bohnenkrautblüten ausgarnieren.

GRANITÉ PFLAUME

REHRÜCKEN PFLAUME CASSISSAUCE

REZEPT FÜR 4 PERSONEN | STANDZEIT: 4 WOCHEN

REHRÜCKEN

- 300 g Rehrücken
- 50 ml Mandelöl
- 30 g Lupinenmisopaste (s. S. 151)
- 40 g Butter
- Salz

Den Rehrücken waschen und trocken tupfen. Mandelöl und Lupinenmiso mischen und das Fleisch darin wenden. Fest in Klarsichtfolie einrollen und an beiden Enden gut verknoten. Bei 65 °C auf eine Kerntemperatur von 56 °C im Wasserbad garen. Die Butter in einer Pfanne zu Nussbutter werden lassen, passieren und den Rehrücken kurz darin aufschäumen. Leicht salzen.

SCHARFE ZWETSCHGE

- 8 Kalifornische Trockenpflaumen ohne Stein
- 20 g Umeboshi-Pflaume (s. S. 151)
- 200 ml Pflaumenwein
- 10 ml Chiliöl
- 20 ml Limettenöl

Die Trockenpflaumen aufschneiden und mit einem Stück Umeboshi-Pflaume füllen. Den Wein mit den Ölen in einem Topf erwärmen, die Pflaumen hineinlegen und warm stellen.

WILDJUS

- 80 ml Rotwein
- 20 ml Ketjap Manis
- 20 ml dunkler Balsamessig
- 500 ml Hirschfond
- je 1 Zweig Rosmarin und Thymian
- 1 Knoblauchzehe
- Honig

Den Rotwein in einem Topf erwärmen, Ketjap Manis und Balsamessig zugeben und alles zu einem Sirup einkochen. Mit Fond aufgießen. Die Kräuter waschen, trocken schütteln, die Blätter und Nadeln abzupfen und mit dem Knoblauch zugeben. Auf die gewünschte Konsistenz reduzieren, durch ein Sieb passieren und mit etwas Honig abschmecken.

CASSISSAUCE

- 200 ml Wildjus (s. o.)
- 30 g Cassispüree
- 20 g Creme de Cassis
- 10 ml Cassisessig
- Xanthanwasser nach Bedarf

Die Jus in einem Topf einmal aufkochen und mit den übrigen Zutaten abschmecken. Nicht mehr kochen lassen. Nach Bedarf mit etwas Xanthanwasser binden.

GARNITUR

- gezupfte Gewürztagetes
- mit Mirin marinierte Enokipilze
- einige Blätter Radicchio Rosso di Traviso Tardivo

ANRICHTEN

Den Rehrücken aufschneiden und platzieren. Die Trockenpflaumen aus dem Sud nehmen, abtropfen lassen und mit den Pilzen arrangieren. Den Radicchio waschen, trocken schleudern, anlegen und die Tagetes auflegen. Die Cassissauce angießen.

ROMANASALAT PAPRIKA AUSTERN

REZEPT FÜR 4 PERSONEN | STANDZEIT: 2 WOCHEN

ROMANASALAT FERMENTIERT

4 Mini-Romanasalatherzen
Salz
Haselnussöl

Die Salatherzen waschen und trocken schleudern. Die äußeren Blätter entfernen und für die weitere Verwendung beiseitelegen. Zwei Salatherzen längs halbieren und salzen. Mit Haselnussöl in einen geeigneten Beutel geben und vakuumieren. Anschließend 2 Wochen im Kühlschrank reifen lassen. Das dritte Salatherz in feine Würfel schneiden. Einige Salatblätter in feine Streifen schneiden und mit etwas Haselnussöl marinieren. Die kleinen Salatblätter als Garnitur zurückhalten. Das vierte Salatherz für die weitere Verwendung aufbewahren.

AUSTERN

8 Austern
20 ml Weißwein
20 ml Apfelsaft
20 ml Noilly Prat

Die Austern aufbrechen, säubern und aus der Schale lösen. Den Weißwein, Apfelsaft und Noilly Prat in einen Topf geben und auf 60 °C erwärmen. Die Austern mit dem Eigensaft in den Sud geben und darin 2 Minuten stocken lassen.

PAPRIKA

2 rote Paprikaschoten
1 kleine Chilischote
1 Stängel Zitronengras
Cumin
Koriander
1 schwarze Kardamomkapsel
Salz
Zucker
Reisessig
30 g Basic Textur*

Die Paprika- und Chilischote putzen, waschen, trocknen und entkernen. Paprika kurz in einer Pfanne rösten. Das Zitronengras putzen, waschen, trocknen, fein schneiden und dazugeben. Im Mixer mit Chili sowie je 1 Msp. Cumin und Koriander fein pürieren. Die Kardamomkapsel reiben und zur Paprikacreme geben. Mit Salz, Zucker und Reisessig abschmecken. Basic Textur einrühren, die Creme in eine Spritzflasche füllen und kalt stellen.

GARNITUR

Vanillepulver (s. S. 151)
Salatherz (s. o.)
Shisokresse

ANRICHTEN

Den fermentierten Salat auf den Tellern verteilen, feine Salatwürfel darüber geben. Die Paprikacreme auftropfen. Etwas Vanillepulver verteilen. Salatblätter und Shisokresse arrangieren. Die Austern anlegen und mit den feinen Salatstreifen ausgarnieren.

ROTE BETE TAPIOKA JACOBSMUSCHEL BOTTARGA

Die Jakobsmuscheln werden mit Haselnussöl aromatisiert, Tapiokaperlen und Granulat intensivieren das Geschmackserlebnis der roten Bete und sorgen im Zusammenspiel mit dem intensiven Bottarga-Sud gleichzeitig für ein abwechslungsreiches Mundgefühl.

REZEPT FÜR 4 PERSONEN | STANDZEIT: CA. 1 STUNDE

JAKOBSMUSCHEL

- 4 Jakobsmuscheln
- 30 g Butter
- Fleur de Sel
- Haselnussöl

Die Muscheln putzen, waschen und trocken tupfen. In einer beschichteten Pfanne ohne Fett anbraten. Die Butter dazugeben und bis zur gewünschten Konsistenz weiterbraten. Mit Fleur de Sel würzen. Zum Schluss etwas Haselnussöl über die Muscheln geben und durchschwenken.

SUD

- 50 g Tintenfischabschnitte
- 50 g Sardinen
- 5 g Bottargarogen
- 300 ml Umami Fond (s. S. 111)
- 10 ml Sojasauce
- 4 Korianderwurzeln

Den Backofen auf 200 °C Ober- und Unterhitze vorheizen. Den Tintenfisch und die Sardinen waschen, trocken tupfen und auf einem Blech im Backofen dunkel rösten. Den Bottargarogen vom Wachs befreien und in feine Würfel schneiden. Tintenfischabschnitte und Sardinen mit dem Bottargarogen in einen Topf geben. Mit Umamifond und Sojasauce auffüllen, Korianderwurzeln waschen, andrücken und dazugeben. Den Topf fest mit Klarsichtfolie verschließen und den Sud 30 Minuten ziehen lassen.

ROTE BETE TAPIOKA

- 200 g feine Tapiokaperlen
- 200 ml Fischfond
- 1 EL Butter
- 10 g Rote Bete Granulat
- 1 EL Korianderöl
- Salz

Die Tapiokaperlen 30 Minuten in Wasser quellen lassen und im heißen Fischfond garen. Mit der Butter aromatisieren und mit Rote Bete Granulat vermengen. Vor dem Servieren mit Korianderöl und Salz abschmecken.

ROTE BETE GEGART

- 100 g Rote Bete
- 40 ml Wasser
- 5 g Salz
- 3 g Zucker
- 5 Korianderkörner

Die Rote Bete waschen und mit Stielansatz in einen Vakuumbeutel geben. Mit den übrigen Zutaten vakuumieren und bei 85 °C für 90 Minuten im Wasserbad garen. Herausnehmen und in Eiswasser herunterkühlen. Die Rote Bete schälen und in Spalten schneiden.

GARNITUR

- Dillspitzen
- Minzeblätter
- grüne Kapuzinerkresse
- geröstete Algenblätter
- Joghurtchips

ANRICHTEN

Die Rote Bete Tapioka auf die Teller verteilen. Je 1 Jakobsmuschel daraufsetzen und die gegarte Rote Bete anrichten. Mit Dill, Minze und Kapuzinerkresse ausgarnieren. Geröstete Algenblätter arrangieren. Joghurt Chips verteilen und den Sud angießen.

REZEPT FÜR 4 PERSONEN | STANDZEIT: CA. 2 STUNDEN, 30 MINUTEN

SAIBLING

4 Saiblingfilets
10 ml Sesamöl
Maldon Salz
20 ml Ahornsirup
40 ml Sojasauce
500 ml 3 %ige Salzlake
Abrieb von 1 unbehandelten Limette

Den Backofen auf 160 °C Ober- und Unterhitze vorheizen. Die Filets waschen und trocken tupfen. Das Fleisch von der Haut lösen. Die Haut von Fett und Fleisch befreien und mit Sesamöl einstreichen, salzen und zwischen Backpapier legen. Mit einem Teller beschwert 20 Minuten im Backofen rösten. Den Ahornsirup und die Sojasauce zu einer Marinade verrühren. Die Fischfilets für 50 Minuten in die Salzlake legen, herausnehmen, abtupfen und gegenseitig übereinanderlegen. Mit dem Limettenabrieb bestreuen. Mit der Marinade in einen geeigneten Beutel geben, vakuumieren und bei 42 °C 8 Minuten pochieren. Mit Salz abschmecken. Den Sud aus dem Beutel auffangen und durch ein feines Sieb passieren.

UMAMI-BOUILLON

200 g Champignons
120 g Shiitakepilze
1 Stängel Zitronengras
20 g Ingwer
30 g getrocknete Steinpilze
20 ml Olivenöl
1 l Wasser
1 Stück Sternanis
3 g Anissamen
10 g Kombualgen
5 g getrocknete Bonitoflocken
40 ml Tosazusauce (s. S. 152)

Die Pilze feucht abreiben, putzen und halbieren. Vom Zitronengras die äußeren, harten grünen Blätter entfernen. Das Zitronengras längs halbieren. Den Ingwer schälen und in Scheiben schneiden. In einem großen Topf die Pilze, Zitronengras und Ingwer 5 Minuten bei geringer Temperatur im Öl anschwitzen. Das Wasser angießen. Sternanis, Anissamen und Kombualgen dazugeben und einmal aufkochen lassen. Die Temperatur herunterschalten und die Bouillon 1 Stunde abgedeckt ziehen lassen. Bonitoflocken und Tosazusauce dazugeben. Den Topf fest mit Klarsichtfolie verschließen und die Bouillon 30 Minuten ziehen lassen. Abschäumen und noch weiter ruhen lassen. Durch ein Tuch passieren und abschmecken.

SUD

Saiblingsud (s. o.)
200 ml Umami-Bouillon (s.o.)
Reisessig
Xanthanwasser

Den Saiblingsud erwärmen und die Bouillon dazugeben. Nicht mehr kochen lassen. Mit dem Reisessig leicht säuern und mit Xanthanwasser binden.

WALNUSSGRANOLA

60 g Walnusskerne
30 g gerösteter Hafer
10 g fein gemörserte Kakaobohnen
je 5 g weißer und schwarzer Sesam
10 ml Mandelöl
5 g Honig

Den Backofen auf 160 °C Ober- und Unterhitze vorheizen. Die Walnusskerne mit heißem Wasser überbrühen und die Haut ablösen. Trocknen lassen und mit den übrigen Zutaten in einer Schüssel vermengen. Auf einem Backblech verteilen und 15 Minuten im Backofen backen. Abkühlen lassen und grob mörsern.

GARNITUR

einige Agrettispitzen
Limettenvinaigrette (s. S. 150)

ANRICHTEN

Agretti waschen, trocken schütteln und mit Limettenvinaigrette marinieren. Die Saiblingsfilets auf Tellern anrichten. Die geröstete Haut auflegen und das Walnussgranola darüber streuen. Den Sud angießen und die Agretti auflegen.

SAIBLING WALNUSS-GRANOLA AGRETTI

SCHWARZER HEILBU
WEICHWEIZEN

TT BÜNDNERFLEISCH FERMENTIERT

REZEPT FÜR 4 PERSONEN | STANDZEIT: 2 WOCHEN, 3 TAGE, 1 STUNDE

SCHWARZER HEILBUTT

- 4 Stücke Heilbutt à 80 g
- 500 ml 4 %ige Salzlake
- 20 ml Haselnussöl

Den Heilbutt waschen, trocken tupfen und von Gräten befreien. 60 Minuten in die Salzlake einlegen. Herausnehmen und abtrocknen. Den Fisch mit dem Haselnussöl in einem geeigneten Beutel vakuumieren und bei 56 °C im Wasserbad 15 Minuten pochieren.

KICHERERBSENMISO

- 10 g Kichererbsenmiso (s. S. 151)

Aus der Misopaste kleine Nocken formen, auf einen mit Klarsichtfolie bespannten Teller geben und warm stellen.

BÜNDNERFLEISCH

- 8 Korianderblätter
- 8 dünne Scheiben Bündnerfleisch
- 8 Tropfen Liquid Flavour

Die Korianderblätter waschen und trocken schütteln. Das Bündnerfleisch mit dem Liquid Flavour einreiben und mit dem Koriander belegen. Quer aufrollen und in kleine Scheiben schneiden.

SAUCE

- 400 g Fleischtomaten
- ½ Bund Basilikum
- 2 Zweige Koriander
- Tomatenessig
- Salz
- 60 g Büffelbutter

Die Tomaten waschen, trocken reiben und von den Stielansätzen befreien. Die Kräuter waschen, trocken schütteln und die Blätter abzupfen. Alle Zutaten bis auf die Büffelbutter im Mixer grob zerkleinern und auf ein Better Food Sieb geben. Über Nacht im Kühlschrank stehen lassen und den klaren Saft in einer Schüssel auffangen. Es sollen mindestens 200 ml sein. Würzig abschmecken und in einem Topf auf 60 °C erwärmen. Die Butter montieren und die Sauce abschmecken.

GERÖSTETER WEICHWEIZEN

- 50 g Ebly
- Salz
- Harissapulver

Den Ebly in einem Topf ohne Fett unter ständigem Schwenken dunkelbraun rösten und noch warm fein mörsern. Salzen und mit dem Harissa abschmecken.

FERMENTIERTER WEICHWEIZEN

- 100 g Ebly
- 500 ml Gemüsebrühe
- 20 ml Sauerkrautsaft
- 10 ml Kastanienblütenessig
- 20 g Koji
- Salz

Den Ebly in einem Topf ohne Fett unter Rühren leicht rösten Mit der Gemüsebrühe auffüllen und 10 Minuten kochen. Den Topf vom Herd nehmen, abdecken und den Weizen 20 Minuten quellen lassen. Den Sauerkrautsaft, Kastanienblütenessig und Koji dazugeben und warm stehen lassen. Die Mischung 3 Tage bei 38 °C lagern und danach 2 Wochen kalt stellen. Im Anschluss den Ebly 5–6 Minuten im Kombidämpfer dämpfen und etwas salzen.

GARNITUR

- Abrieb von ½ unbehandelten Limette
- Umamisalz (s. S. 149)
- Korianderöl

ANRICHTEN

Den fermentierten Weichweizen auf die Teller geben. Die Heilbuttstücke darauf platzieren und die Misonocken arrangieren. Die gerollten Bündnerfleischscheiben ebenfalls auf dem Fisch anrichten. Mit Limettenabrieb bestreuen und mit Umamisalz würzen. Die Tomatensauce angießen und das Korianderöl eintropfen lassen. Mit dem gemörserten Weichweizen bestreuen.

SCHWARZTEE-SUD EI SPARGEL

REZEPT FÜR 4 PERSONEN

GEMÜSEBOUILLON

100 g Knollensellerie
40 g geschälte Karotte
Olivenöl
20 g Champignons
20 ml Sojasauce
1 l Wasser
30 g Lauch
3 Pimentkörner
1 Lorbeerblatt
10 ml Liquid Flavour vegan
Salz

Den Backofen auf 220 °C Ober- und Unterhitze vorheizen. Die Gemüse waschen, trocken tupfen und den Sellerie schälen. Die Schalen im Backofen etwa 20 Minuten stark rösten. Sellerie und Karotte würfeln. In etwas Olivenöl anrösten. Die Pilze putzen, feucht abreiben, vierteln und dazugeben. Mit der Sojasauce ablöschen und mit Wasser auffüllen. Den Lauch ebenfalls anschwitzen und mit den Gewürzen in den Sud geben. Das Liquid Flavour dazugeben und leicht salzen. Einmal aufkochen und 1 Stunde köcheln. Durch ein feines Sieb passieren und beiseitestellen.

SCHWARZTEE-SUD

200 ml Gemüsebouillon (s. o.)
8 g getrocknete Erdbeerblätter
10 ml helle Sojasauce
Xanthanwasser

Die Bouillon in einem Topf auf 80 °C erhitzen und die Erdbeerblätter darin 4 Minuten ziehen lassen. Durch ein feines Sieb passieren, mit der Sojasauce abschmecken und mit etwas Xanthanwasser leicht binden.

EI

4 Bioeier

Die Eier bei 65 °C 45 Minuten im Wasserbad pochieren und vor dem Anrichten aufschlagen.

CASCARA

10 g Cascara (s. S. 152)
Kaffeeöl (s. S. 151)
Kirschessig

Den Cascara fein hacken und mit einigen Tropfen Kaffeeöl und Kirschessig marinieren.

GRÜNER SPARGEL

20 Stangen grüner Spargel
Salz
20 g Butter
30 ml Rapsöl
10 ml Liquid Flavour vegetarisch

Den grünen Spargel waschen, trocken tupfen, an den holzigen Stellen schälen und auf 15 cm Länge kürzen. 8 Stangen in kräftig gesalzenem Wasser blanchieren und bei Bedarf in der heißen Butter glasieren. Leicht salzen. Die restlichen Stangen in einer breiten Pfanne im heißen Rapsöl anbraten und Farbe nehmen lassen. Mit dem Liquid Flavour abschmecken.

GARNITUR

eine Handvoll Babyspinat, Babymangold, Bull's Blood Salat
Holunderblütenessig-Vinaigrette (s. S. 150)

ANRICHTEN

Den glasierten und gebratenen grünen Spargel abwechselnd auf den Tellern platzieren. Je 1 Ei darauf setzen, Cascara verteilen und den Sud angießen. Babyspinat, Babymangold und Bull's Blood Salat waschen, trocken schleudern und mit der Holunderblütenvinaigrette marinieren. Die Teller damit garnieren.

Blätter statt Früchte: Erdbeerblätter, Röstaromen, Sojasauce und Liquid Flavour verleihen der Gemüsebouillon eine verblüffende Geschmacksintensität. Im Zusammenspiel mit Kaffeeöl und Kirschessig sorgt Cascara mit seinen nussig-rauchigen Aromen für eine harmonische Akzentuierung des Eies.

SCHWEINEFILET-SCHINKEN APFEL ALGEN

REZEPT FÜR 4 PERSONEN | STANDZEIT: 2 WOCHEN, 2 STUNDEN

SCHWEINEFILET-SCHINKEN

300 g Schweinefilet
40 g grobes Salz
8 Pimentkörner
3 Lorbeerblätter
40 g Butter

Das Schweinefilet waschen, trocken tupfen und von Fett und Sehnen befreien. Mit dem Salz, Piment und Lorbeer in einem geeigneten Beutel vakuumieren und 2 Wochen reifen lassen. Anschließend das Fleisch für 60 Minuten in Wasser einlegen. Herausnehmen, abtupfen und erneut vakuumieren. Bei 60 °C im Wasserbad 50 Minuten garen und in schäumender Butter kurz wenden.

SCHWEINEJUS

40 ml roter Portwein
40 ml weißer Portwein
20 ml Ketjap Manis
20 ml dunkler Balsamessig
500 ml Schweinefond

Roten und weißen Portwein in einem Topf erhitzen. Ketjap Manis und Balsamessig zugeben und alles zu einem Sirup einkochen. Kurz vor dem Karamellisieren mit Schweinefond aufgießen und bis zur gewünschten Konsistenz reduzieren.

FRITTIERTE ALGEN

30 g frische Norialgen
200 ml Sonnenblumenöl

Die Norialgen im heißen Sonnenblumenöl frittieren und auf Küchenpapier abtropfen lassen. Leicht zerbröseln.

APFEL

1 Granny Smith Apfel
Salz
20 ml Holunderblütenessig
6 Kakaobohnen
6 Szechuan Pfefferkörner

Den Apfel waschen, schälen, das Kerngehäuse entfernen und das Fruchtfleisch in 1 cm große Würfel schneiden. Mit Salz und Essig mischen und kurz marinieren. Die Kakaobohnen zerdrücken. Den Apfel mit Sud, Pfeffer und Kakao in einem geeigneten Beutel vakuumieren. Für 60 Minuten kalt und im Anschluss die Apfelwürfel in etwas Sud warm stellen.

KIRSCHEN

6 Kirschen
30 ml Sesamvinaigrette mit Sesamsaat (s. S. 151)
60 g Wakamealgen
50 ml Schweinefond

Die Kirschen waschen, entkernen und in feine Spalten schneiden. Mit etwas von der Vinaigrette mischen. Die Algen waschen, trocken schütteln, in Streifen schneiden und ebenfalls mit etwas Vinaigrette marinieren. Abschmecken. Den Fond mit der restlichen Vinaigrette verrühren und warm stellen.

ANRICHTEN

Den Schweinefilet-Schinken aufschneiden und auf den Tellern platzieren. Die Kirschen arrangieren. Die Wakamealgen zusammendrehen und auf die Kirschen setzen. Apfelwürfel anrichten und mit Norialgenbröseln bestreuen. Die Schweinejus angießen. Mit dem Fond beträufeln.

YUBA KALBSRÜCKEN SÜSSKARTOFFELN

REZEPTE FÜR 4 PERSONEN | STANDZEIT: ÜBER NACHT

SÜSSKARTOFFELPÜREE

- 2 Süßkartoffeln
- 20 g Butter
- 2 g Vadouvan (s. S. 152)
- 40 ml Wasser
- 3 g Salz
- Limettenöl

Die Süßkartoffeln schälen und in feine Scheiben schneiden. Mit den restlichen Zutaten in einem geeigneten Beutel vakuumieren und bei 95 °C für 40 Minuten im Wasserbad garen. Noch warm im Mixer auf höchster Stufe 4 Minuten fein pürieren. Würzig abschmecken.

SÜSSKARTOFFELWÜRFEL

- 1 Süßkartoffel
- 40 ml Limettenöl
- Salz

Die Kartoffel schälen und in 1 cm große Würfel schneiden. In einer breiten Pfanne das Öl erwärmen und die Kartoffel darin bei milder Hitze confieren. Mit wenig Salz würzen. Kurz vor dem Servieren die Temperatur erhöhen und die Kartoffel leicht bräunen.

KALBSRÜCKEN

- 400 g Kalbsrücken mit Knochen
- Salz
- ½ Bund Petersilie
- 3 Zweige Zitronenthymian
- 20 g Kerbel
- Ducca (s. S. 152)
- 1 Paket TK-Yuba (s. S. 152)

Den Kalbsrücken waschen, trocken tupfen, das Fleisch von den Knochen lösen und küchenfertig vorbereiten. Längs halbieren und salzen. Das Fleisch fest in Klarsichtfolie wickeln und für 2 Stunden kalt stellen. Die Kräuter waschen, trocken schütteln, Blättchen abzupfen und fein hacken. Den Kalbsrücken aus der Folie wickeln und mit den Kräutern ummanteln. Mit Ducca würzen und in die Yuba einrollen. Fest in Klarsichtfolie einrollen und die Enden gut verknoten. Im Wasserbad bei 56 °C 50 Minuten garen und im Anschluss die Folie entfernen. Das Fleisch in der Pfanne ohne Fett von allen Seiten kurz anbraten. Warm stellen.

REDUZIERTER KALBSFOND

- 500 g Kalbfleisch
- 750 ml Wasser
- 20 ml Sojasauce
- 3 ml Tomatenserum Umami (s. S. 151)
- Xanthanwasser

Alle Zutaten bis auf das Xanthanwasser in einem Topf einmal aufkochen und den Schaum abschöpfen. Den Topf mit Klarsichtfolie fest verschließen und bei 65 °C 2–3 Stunden ziehen lassen. Anschließend durch ein feines Sieb passieren und am besten in einem verschließbaren Glas mit Gummidichtung aufbewahren. Vor dem Verwenden den Fond auf die gewünschte Konsistenz einkochen und leicht mit Xanthanwasser binden.

PETERSILIENÖL

- 200 g Petersilienblätter
- 200 ml Rapsöl

Die Petersilienblätter waschen und trocken schleudern. Im Hochleistungsmixer (z. B. Thermomix) mit dem Öl auf 80 °C erhitzen und fein pürieren. Über Nacht auf ein Tuch gießen und das Öl ablaufen lassen.

GARNITUR

- Petersilienblätter
- Majoranblätter

ANRICHTEN

Das Süßkartoffelpüree auf den Tellern verteilen. Den Kalbsrücken aufschneiden und platzieren. Die Süßkartoffelwürfel anlegen. Petersilienöl auftropfen und Kalbsfond angießen. Mit Petersilie und Majoran ausgarnieren.

UMAMI-INTENSITÄT

4

CHICORÉE HECHT GERÖSTETER

Chicorée in ungewohnter Begleitung. Strunk und Blätter des Gemüses korrespondieren mit Krustentierfond und Hechtrogen, wobei Sanddorn und Crème fraîche mit fruchtigen Noten und einem leichten Säurespiel für elegante Harmonie sorgen.

ROGEN FISCHSUD

REZEPT FÜR 4 PERSONEN | STANDZEIT ÜBER NACHT UND 70 MINUTEN

CHICORÉE

- 4 Chicoréestauden
- Salz
- 30 ml Orangensaft
- 1 Streifen Schale einer unbehandelten Orange
- 30 g Butter
- 1 Zweig Estragon

Die Chicoréestauden waschen und trocken tupfen. Die äußeren Blätter entfernen, leicht salzen und in einem geeigneten Beutel vakuumieren. Das Chicoréeinnere gerade schneiden, in einen Vakuumbeutel geben und salzen. Mit Orangensaft, Orangenschale, Butter und Estragon vakuumieren. Bei 85 °C im Wasserbad 40 Minuten garen. Herausnehmen, abtropfen lassen und in Eiswasser herunterkühlen. Bei Bedarf den Sud in einer Pfanne erhitzen und die inneren Stücke darin glasieren. Dann mit den gesalzenen Blättern umwickeln und anrichten.

KRUSTENTIERBOUILLON

- 1 Stück Zitronengras
- 1 kleine Chilischote
- 20 g Fenchel
- 5 g Kurkumawurzel
- ½ Knoblauchzehe
- 300 g Krustentierköpfe
- 10 ml Olivenöl
- 2 breite Streifen von 1 unbehandelten Pomelo
- 2 Kaffirlimettenblätter
- 1 g Anissaat
- 600 ml Wasser

Das Zitronengras waschen, trocken schütteln und der Länge nach halbieren. Die Chilischote putzen, waschen und entkernen. Den Fenchel waschen, trocknen und in feine Würfel schneiden. Kurkuma und Knoblauch schälen und in Scheiben schneiden. Die Krustentierköpfe putzen, waschen und in einem großen Topf im heißen Öl kurz anrösten. Die übrigen Zutaten zugeben und 2 Minuten mitbraten. Das Wasser aufgießen und einmal aufkochen. Bei geringer Temperatur und aufgesetztem Deckel den Sud 50 Minuten leicht köcheln lassen. Abschäumen und ruhen lassen. Anschließend die Bouillon durch ein Sieb gießen.

FISCHSUD

- 500 ml Krustentierbouillon (s. o.)
- 100 g geröstete Fischköpfe, am besten Meeräsche
- 20 ml Tosazusauce (s. S. 152)
- 2 g Bonitoflocken
- Salz

Die Bouillon in einem Topf aufkochen. Die Fischköpfe in einem zweiten Topf mit der Bouillon übergießen und 20 Minuten köcheln lassen. Tosazusauce und Bonitoflocken zugeben. Den Topf fest mit Frischhaltefolie verschließen und die Bouillon 5 Minuten ziehen lassen. Durch ein Tuch passieren und abschmecken.

HECHTROGEN

- 120 g Hechtrogen
- Abrieb von ½ unbehandelten Limette
- 100 ml Sonnenblumenöl
- Saft von ¼ Limette

Ein Drittel vom Hechtrogen mit dem Limettenabrieb vermengen und im Dörrautomaten etwas ausgestrichen über Nacht bei 65 °C trocknen lassen. Das zweite Drittel im heißen Sonnenblumenöl frittieren und auf einem Küchentuch abtropfen lassen. Den restlichen Rogen mit Limettensaft marinieren.

SANDDORNCREME

- 200 ml Apfelsaft
- 30 g Sanddornpüree
- 40 g Honig
- 4 g frisch geriebene Kurkumawurzel
- Abrieb von ¼ unbehandelten Limette
- 2 g Agar Agar
- 1 Prise Sternanis
- Salz

Den Apfelsaft mit den übrigen Zutaten verrühren und in einem Topf einmal aufkochen. Im Kühlschrank auskühlen und gelieren lassen. Im Mixer auf höchster Stufe zu einer feinen Creme verrühren und leicht salzen.

CRÈME FRAÎCHE

- 80 g Crème fraîche
- 10 ml Limettenöl
- 2 g Sumach
- Salz

Die Crème fraîche mithilfe eines Handrührgerätes aufschlagen und mit den übrigen Zutaten verrühren. Mit Salz abschmecken.

GARNITUR

- Sumach
- gezupfte Taubnesselblätter

ANRICHTEN

Die Chicorée auf Tellern anrichten. Den marinierten Hechtrogen zu Nocken formen und anlegen. Die Crème fraîche arrangieren und mit etwas Sumach bestreuen. Die Sanddorncreme mithilfe eines Spritzbeutels auftupfen. Den getrockneten und den frittierten Hechtrogen dekorativ platzieren. Mit Taubnesselblättern garnieren und den Sud angießen.

GOLDFORELLE SCHEIDENMUSCHEL ROTE QUINOA SAUERBROTSAUCE

REZEPT FÜR 4 PERSONEN | STANDZEIT: 1 STUNDE

GOLDFORELLE

1 Goldforelle
500 ml 3 %ige Salzlake

Die Forelle waschen, schuppen, filetieren und die Gräten herauszupfen. Die Haut nicht entfernen. Die Filets 60 Minuten in Salzlake einlegen, anschließend herausnehmen und trocken tupfen.
Die Fischfilets in vier Stücke teilen und bei 55 °C 18 Minuten im Kombidämpfer, mit Klarsichtfolie abgedeckt, garen. Herausnehmen und einen Teil der Fischhaut aufrollen.

ROTE QUINOA

100 g rote Quinoa
3 g rote Bete Granulat
250 ml Fischfond
10 ml Sojasauce
1 Stück Kombualge
Salz
Xanthanwasser

Die Quinoa mit warmem Wasser abspülen und abtropfen lassen. In einem Topf kurz ohne Fett anschwitzen. Das Granulat mit dem Fischfond und der Sojasauce auffüllen, die Kombualge dazu geben und alles dünsten. Leicht salzen, die Kombualge wieder entnehmen und die Quinoa mit etwas Xanthanwasser binden.

QUINOA GEPOPPT

40 g rote Quinoa
1 TL Limettenöl
Harissapulver

Die Quinoa in einer trockenen Pfanne rösten, bis die Körner aufpoppen. Mit dem Limettenöl marinieren und zum Schluss mit Harissa würzen.

SCHEIDENMUSCHELN

12 Scheidenmuscheln
20 ml Limettenöl
Abrieb von einer unbehandelten Limette

Die Muscheln waschen, säubern, öffnen und zuschneiden. Mit dem Limettenöl und Limettenabrieb marinieren und bis zum Servieren kühl stellen.

SAUERBROTSAUCE

1 weich geschmorte Schalotte
20 ml Noilly Prat
50 g Sauerbrot
150 ml Muschelsud
10 ml Brottrunk
5 ml Ketjap Asin

Die Schalotte mit dem Noilly Prat in einen Topf geben, kurz verkochen und mit den weiteren Zutaten vermengen. 10 Minuten quellen lassen und einmal aufkochen. Im Mixer pürieren und durch ein feines Sieb streichen.

GARNITUR

Algenpulver
grüne Shisokresse

ANRICHTEN

Die Goldforellenstücke auf den Tellern anrichten. Gepoppte Quinoa auf die aufgerollte Fischhaut setzen, die gedämpfte Quinoa neben der Forelle arrangieren. Scheidenmuscheln anlegen und die Sauerbrotsauce angießen. Das Algenpulver auf zwei Seiten streuen und mit der Shisokresse abschließen.

HIRSCHRÜCKEN

REZEPT FÜR 4 PERSONEN | STANDZEIT: 6 WOCHEN, ÜBER NACHT

HIRSCHRÜCKEN

- 750 g Hirschrücken
- 50 ml Mandel-Pimentöl (s. u.)
- 50 g Steinpilzpulver
- 75 g Butter
- Salz

Das Fleisch waschen und trocken tupfen. Mit dem Mandel-Pimentöl einstreichen und im Steinpilzpulver wenden. Das Fleisch fest in Klarsichtfolie einrollen und diese an beiden Enden verknoten. Bei 65 °C im Wasserbad bis zu einer Kerntemperatur von 56 °C garen. Die Butter in einer Pfanne zu Nussbutter werden lassen und durch ein Tuch passieren. Den Hirschrücken aus der Folie wickeln und in der heißen Butter kurz aufschäumen lassen. Salzen.

MANDEL-PIMENTÖL

- 50 ml Mandelöl
- 7 Pimentkörner

Das Öl in einem Topf auf 45 °C erhitzen. Die Pimentkörner mit dem Mörser zerstoßen und darin 15 Minuten ziehen lassen. Das Öl durch ein Sieb passieren und in ein Gefäß füllen.

BLAUKRAUT

- 1 Rotkohl
- 20 ml Kaffeeöl (s. S. 151)
- Salz

Den Rotkohl putzen, waschen und trocken tupfen. Den Kohl vierteln und ein Viertel davon fein hobeln. Den restlichen Kohl entsaften und den Saft in einem Topf bei geringer Temperatur einkochen. Bis zur Weiterverwendung beiseite stellen. Den gehobelten Kohl mit dem Kaffeeöl marinieren und salzen.

HIRSCHFOND

- 1 kg Hirschknochen, am besten vom Nacken
- 1 Zweig Rosmarin
- 1,5 l Wasser
- 20 ml Sojasauce
- 2 Lorbeerblätter
- 10 zerstoßene Pfefferkörner
- 5 Wacholderbeeren
- 5 Pimentkörner

Die Knochen kurz abspülen und trocken tupfen. Den Rosmarin waschen und trocken schütteln. Alle Zutaten in einen Topf geben und einmal aufkochen. Abschäumen und nur noch leicht köcheln lassen. Nach 75 Minuten durch ein feines Sieb passieren und in einem verschließbaren Glas mit Gummiring aufbewahren.

HIRSCHJUS

- 80 ml Rotwein
- 20 ml Ketjap Manis
- 20 ml dunkler Rotweinessig
- 500 ml Hirschfond (s. o.)
- je 1 Zweig Rosmarin und Thymian
- 1 angedrückte Knoblauchzehe
- Honig
- Rotkohlsaft (s. o.)

Den Rotwein in einem Topf erwärmen. Ketjap Manis und Rotweinessig zugeben und alles zu einem Sirup einkochen, so dass dieser fast karamellisiert ist. Mit Fond aufgießen. Die Kräuter waschen und trocken schütteln. Mit der Knoblauchzehe zugeben und auf die gewünschte Konsistenz einkochen. Durch ein Sieb passieren, mit etwas Honig abschmecken. Kurz vor dem Servieren den reduzierten Rotkohlsaft unterrühren.

HOLUNDERBEEREN

- 100 g grüne Holunderbeeren ohne Strunk
- 200 ml heller Essig, 5 %
- 4 g Zucker
- 2 g Salz

Die Holunderbeeren verlesen, waschen und abtropfen lassen. Den Essig mit Zucker und Salz in einem Topf einmal aufkochen und über die Holunderbeeren geben. Für mindestens 6 Wochen abgedeckt im Kühlschrank reifen lassen.

BOYSENBEERENCHIPS

- 100 g frische Boysenbeeren
- 30 g Zucker
- 20 g Honig
- 40 ml Apfelsaft
- 50 g Basic Textur (s. S. 151)

Die Boysenbeeren verlesen, waschen und abtropfen lassen. Mit dem Zucker, Honig und Apfelsaft in einen Topf geben, verkochen lassen und durch ein feines Sieb passieren. Auf 80 ml einkochen und mit dem Basic Textur verrühren. Dünn auf eine Silpatmatte streichen und im Dörrautomaten über Nacht trocknen lassen.

ANRICHTEN

Das Blaukraut auf den Tellern anrichten und die Holunderbeeren darauf verteilen. Die Boysenbeerenchips hineinstecken. Den Hirschrücken aufschneiden und arrangieren. Die Jus angießen.

STEINPILZMANTEL BLAUKRAUTJUS

JUNGER KNOBLAUCH

REZEPT FÜR 4 PERSONEN | STANDZEIT: ÜBER NACHT UND 2 STUNDEN

RHABARBER

- 1 breite Stange Rhabarber
- 30 ml Limettenöl
- 1 Zweig Zitronenthymian

Den Rhabarber waschen, trocken tupfen und schälen. Mit einem Hobel längs einige dünne Scheiben hobeln, den Rest in sehr dünne Streifen schneiden. Beides separat in einen geeigneten Beutel geben und mit dem Limettenöl vakuumieren. 2 Stunden kalt stellen. Den Zitronenthymian waschen, trocken schütteln und die Blättchen abzupfen. Unter die Rhabarberstreifen heben.

SCHWEINESCHWARTE

- 200 g Schweineschwarte
- 200 ml Schweinefond
- 10 Kreuzkümmelkörner
- 1 El Schwarzkümmelöl
- 200 ml Sonnenblumenöl
- Salz

Die Schweineschwarte waschen und trocken tupfen. Mit dem Schweinefond und Wasser bedeckt in einen Topf geben und einmal aufkochen. Den Kreuzkümmel dazugeben. Die Schwarte weich kochen und etwas abkühlen lassen. In feine Streifen schneiden und mit dem Schwarzkümmelöl marinieren. Im Dörrautomaten 12 Stunden bei 65 °C trocknen. Anschließend im erhitzten Sonnenblumenöl in einem tiefen Topf frittieren und salzen. Auf Küchenpapier abtropfen lassen.

DORADE

- 4 Doradenfilets mit Haut
- 30 ml Sesamöl
- 50 g Butter
- Salz
- Tandooripulver
- 1 Tl Limettenöl

Das Fischfleisch waschen, trocken tupfen und in rechteckige Stücke schneiden. Im heißen Sesamöl auf der Hautseite kross braten. Die Butter dazugeben, salzen und aufschäumen. Mit Tandooripulver und Limettenöl abschmecken.

KNOBLAUCH

- 4 Knollen chinesischer Knoblauch
- 20 g Butter
- Salz

Den Knoblauch schälen und vier Mal in Wasser blanchieren, dabei das Wasser jedes Mal wechseln. In der heißen Butter in einem Topf mit Deckel schmoren und kurz vor dem Servieren mit einer Blow Torch bräunen. Leicht salzen.

PARMESANSUD

- 300 ml Wasser
- 300 g geriebener Parmesan

Das Wasser in einem Topf aufkochen und den Parmesan einrühren. Einmal aufkochen, vom Herd nehmen und die Masse in ein hohes Gefäß füllen. Über Nacht kalt stellen und danach die Molke abschöpfen. Das Lab anderweitig verwenden.

PARMESANSAUCE

- 30 ml Birnensaft
- 100 ml Parmesansud (s. o.)
- 20 ml Parmesanmolke (s. o.)
- 5 g Lupinenmisopaste

Den Birnensaft mit dem Parmesansud in einem Topf auf 60 °C erwärmen und die Molke montieren. Mit Lupinenmisopaste abschmecken und durch ein feines Sieb passieren.

OLIVENCREME

- 100 g entsteinte, schwarze spanische Oliven in Lake
- 1 Zweig Thymian
- 50 g Basic Textur (s. S. 151)
- 3 g Bamboo Charconal (s. S. 152)
- Salz

Die Oliven in einem Sieb abtropfen lassen. Die Lake aufbewahren. Den Thymian waschen und trocken schütteln. Alle Zutaten mit einem Teil der Lake in einem Hochleistungsmixer (z. B. Thermomix) zu einer spritzfähigen homogenen Masse verarbeiten. Würzig abschmecken und in eine Spritzflasche füllen.

GARNITUR

- Muscovadozucker
- Baharat (s. S. 152)

ANRICHTEN

Die Rhabarberscheiben auf die Teller geben. Etwas Schweineschwarte darauf verteilen. Die Doradenstücke aufsetzen. Jungen Knoblauch arrangieren. Die feinen Rhabarberstreifen auf den Knoblauch setzen. Den Muscovadozucker darüber streuen. Weitere Schweineschwarte arrangieren. Die Olivencreme auftupfen. Mit Baharat bestreuen. Zuletzt die Parmesansauce angießen.

DORADE PARMESAN ESSPAPIER AUS SCHWEIN

KOJI SKIRT SPARGEL KÜRBISROHKOST

REZEPT FÜR 4 PERSONEN | STANDZEIT: 12 TAGE

SKIRT

- 400 g Skirt
- 4 Limonenblätter
- 1 Stängel Zitronengras
- 20 g Kojimiso (s. S. 151)
- 40 ml Erdnussöl
- Salz

Das Fleisch waschen und trocken tupfen. Mit den restlichen Zutaten (Zitronengras vorher andrücken) in einem geeigneten Beutel vakuumieren und im Wasserbad bei 56 °C 1 Stunde garen. Bei Bedarf scharf anbraten und mit Salz würzen.

FERMENTIERTER SPARGEL

- 12 Stangen weißer Spargel
- 300 ml Wasser
- 3 g Salz
- 1 Streifen unbehandelte Orangenschale
- 10 g helle Lupinenmisopaste (s. S. 151)
- 5 g Zucker
- Xanthanwasser
- 40 g Butter

Den Spargel waschen, schälen und die Schalen in einem Topf mit Wasser bedecken. Leicht salzen und den Sud mit der Orangenschale einmal aufkochen. Den Schaum abschöpfen und den Sud 20 Minuten ziehen lassen. Durch ein feines Sieb passieren, zurück in den Topf geben und etwas reduzieren. Anschließend mit Salz, Miso und Zucker aufkochen. Die Spargelstangen zuschneiden, in ein Glas füllen und den Sud darüber gießen. Mindestens 12 Tage im Kühlschrank reifen lassen. Danach einen Teil des Einlegesuds mit dem Xanthanwasser binden und würzig abschmecken. Den Spargel mit etwas Sud erwärmen und mit der Butter glasieren.

SPARGEL

- 4 Stangen weißer Spargel
- Spargeleinlegesud (s. o.)

Die Spargelstangen waschen, schälen und mit einem Hobel in sehr feine, lange Scheiben hobeln. Mit etwas Einlegesud marineren.

KÜRBISROHKOST

- 140 g Butternutkürbis
- ⅛ Bund Liebstöckel
- Salz
- 20 ml Mandelöl

Den Kürbis schälen, die Kerne entfernen und das Fruchtfleisch in feine Streifen schneiden. Liebstöckel waschen, trocken schütteln, die Blätter abzupfen und ebenfalls in sehr feine Streifen schneiden. Mit dem Salz und Mandelöl unter den Kürbis heben.

REDUZIERTE KALBSJUS

- 150 ml Portwein
- 25 ml Ketjap Manis
- 20 ml Rotweinessig
- 500 ml Kalbsfond

Den Portwein in einem Topf erhitzen. Ketjap Manis und Balsamessig zugeben und alles zu einem Sirup einkochen. Kurz bevor dieser karamellisiert, mit Kalbsfond aufgießen und auf die gewünschte Konsistenz reduzieren.

GARNITUR

- geröstete Rapssaat
- Umamisalz (s. S. 151)

ANRICHTEN

Die fermentierten Spargelspitzen auf die Teller geben. Die Kürbisrohkost anrichten und mit Rapssaat bestreuen. Die Spargelscheiben arrangieren und das aufgeschnittene Skirt anrichten. Die Kalbsjus angießen und das Fleisch mit Umamisalz würzen.

LACHS
MISOPASTE
BOHNENCREME

Hier handelt es sich durch Verwendung von heimischen Pflaumen um eine Abwandlung der in Japan traditionell grün geernteten Ume-Früchte. Die Zubereitung der Pflaumen lehnt sich an die Idee des japanischen Fermentationsprozesses an. Das Ergebnis sind fermentierte Früchte mit einem überraschend säuerlich-salzigen Geschmack. Das harmonische Zusammenspiel von Lachs und Pflaume wird durch den Einsatz der Misopaste intensiviert, erfährt seinen süßen Kontrapunkt durch die kandierten Babybananen.

P1x 21,07/3

LACHS MISOPASTE

REZEPT FÜR 4 PERSONEN | STANDZEIT: 7 MONATE UND 21 STUNDEN

GEBRATENER LACHS

300 g Lachsloin mit Haut
Tempuramehl
40 ml Rapsöl

Den Backofen auf 150 °C Ober- und Unterhitze vorheizen. Den Lachs waschen, trocken tupfen und in 4 gleich große Stücke teilen. Auf der Hautseite mit Tempuramehl bestäuben, überschüssiges Mehl abschütteln. Das Rapsöl in einer Pfanne erhitzen und die Lachsstücke darin auf der Hautseite anbraten. Die Pfanne für 3 Minuten in den Backofen stellen und den Lachs garen. Herausnehmen, Fischstücke wenden und kurz unter dem Salamander ziehen lassen. Aus der Pfanne nehmen und auf einem Küchentuch abtropfen lassen.

UMEBOSHI-PFLAUMEN-MARINADE

4 Umeboshi-Pflaumen (s. S. 151)
5 g Kichererbsenmisopaste (s. S. 151)
Salz

Die Umeboshi-Pflaumen 12 Stunden wässern und anschließend mit der Misopaste vermengen. Im Mixer zu einer Marinade verarbeiten. Nach Bedarf mit etwas Salz würzen.

YUZUFOND

160 g Wurzelgemüse aus Karotte, Sellerie, Kartoffeln und Lauch
200 ml Wasser
1 Macis
10 ml Sojasauce
5 g Yuzupulver
10 g gehackte glatte Petersilie

Den Backofen auf 220 °C Ober- und Unterhitze vorheizen. Das Gemüse waschen, trocknen, nach Bedarf schälen und ganz im Backofen rösten. Anschließend in einen Topf geben, das Wasser angießen, Macis und Sojasauce zugeben und das Gemüse bissfest garen. Mit Yuzu abschmecken, zuletzt die Petersilie unterheben.

FERMENTIERTE SCHWARZE SOJABOHNEN

500 g getrocknete Sojabohnen
5 g Aspergillus oryzae
20 ml reiner Alkohol
8 g Salz

Die Bohnen in reichlich Wasser weich kochen, abgießen und für 2–3 Stunden in kaltem Wasser einlegen. In einem Sieb gut abtropfen lassen. Das Sieb anschließend so in einen Topf mit Wasser hängen, dass das Wasser die Bohnen nicht berührt. Die Bohnen mit einem Baumwolltuch bedecken und den Deckel auf den Topf legen, 2 Stunden bei geringer Temperatur dämpfen. Immer wieder den Wasserstand prüfen. Die Bohnen abkühlen lassen und mit dem Aspergillus oryzae vermengen. Das Gemisch in ein verschließbares Glas füllen und für 15–20 Tage bei Raumtemperatur stehen lassen. Anschließend den Alkohol mit dem Salz mischen und die Bohnen darin für 6 Monate bei Raumtemperatur einlegen. Danach die Bohnen im Trockenautomaten trocknen lassen. Anschließend erneut 2 Stunden dämpfen und wieder im Glas 15–20 Tage bei Raumtemperatur stehen lassen. Ein drittes Mal 2 Stunden dämpfen und anschließend im Trockenautomaten trocknen. Die schwarzen Bohnen vor dem Weiterverarbeiten erst abspülen. Sie können in einem verschlossenen Glas mehrere Wochen aufbewahrt werden.

BOHNENCREME

BOHNENCREME

50 g fermentierte schwarze Bohnen (s. o.)
100 g Maniokwurzel
1 Knoblauchzehe
20 ml Olivenöl
Salz
100 ml Gemüsefond
1 Salbeiblatt
30 ml Milch
Abrieb von 1 unbehandelten Orange

Die Bohnen in Wasser über Nacht einweichen. Den Backofen auf 160 °C Ober- und Unterhitze vorheizen. Den Maniok und Knoblauch schälen und fein würfeln. Zusammen mit den Bohnen im heißen Öl anschwitzen und leicht salzen. Mit dem Gemüsefond auffüllen und einmal aufkochen. Den Topf in den Backofen stellen und die Bohnen langsam schmoren lassen. Kurz vor Garende das Salbeiblatt dazugeben. Die Bohnen sollen ganz weich sein. Die Bohnen anschließend mit der Milch im Mixer zu einer homogenen Creme verarbeiten und fein passieren. Mit etwas Orangenabrieb und Salz würzig abschmecken.

KANDIERTE BABYBANANEN

4 Minibananen, geschält
100 ml Rohrzuckersirup

Bananen und Zuckersirup in einen geeigneten Beutel geben und vakuumieren. Bei 56 °C im Wasserbad 10 Minuten pochieren. In Eiswasser herunterkühlen. Im Dörrautomaten 12 Stunden trocknen lassen. Die Bananen anschließend in feine Würfel schneiden.

GURKE

1 Schlangengurke
Abrieb von ½ unbehandelten Limette
10 ml Limettenöl
Salz
Zucker

Die Gurke schälen und mit einem Julienneschneider bis zum Kerngehäuse in lange Streifen schneiden. Mit den übrigen Zutaten in einem geeigneten Beutel vakuumieren und 2 Stunden kalt stellen.

GARNITUR

Yuzugel (s. S. 151)
Abrieb von 1 unbehandelten Limette

ANRICHTEN

Die Umeboshi-Pflaumen-Marinade mittig auf die Teller geben. Lachsloin in vier Stücke schneiden und diese mit der Hautseite nach oben daraufsetzen. Bohnencreme und Yuzugel auftupfen. Die Babybananenwürfel darauf verteilen. Die Gurkenstreifen mit einer Gabel aufrollen und anrichten. Die Teller mit Limettenabrieb ausgarnieren.

REZEPT FÜR 4 PERSONEN | STANDZEIT: 1 TAG, 2 STUNDEN

REBHUHN

- 2 küchenfertige Rebhühner
- 50 g getrocknete oder frische Traubenstängel
- 4 Pimentkörner
- 20 ml Traubenkernöl
- 40 g Butter
- Salz

Die Rebhühner waschen und trocken tupfen. Die Keulen auslösen und für eine andere Zubereitung verwenden. Die Karkassen unterhalb des Brustfleisches abschneiden, das Fleisch auf der Karkasse belassen. Mit den Traubenstängeln, dem Piment und Traubenkernöl in einen Vakuumbeutel füllen und vakuumieren. Bei 65 °C im Wasserbad bis zu einer Kerntemperatur von 58 °C garen. Anschließend das Fleisch aus dem Beutel nehmen und in der aufsteigenden Butter glasieren, salzen und auf der Hautseite anbraten.

TRAUBEN

- 60 g helle Trauben
- 60 g dunkle Trauben
- 100 ml weißer Portwein
- 20 ml hellen Traubensaft
- etwas Chilischote

Die Trauben waschen, trocken tupfen und quer halbieren sowie nach Bedarf entkernen. Mit den übrigen Zutaten in einer Schüssel vermengen und in einen Vakuumierer stellen. Zweimal vakuumieren und 2 Stunden marinieren. Die Trauben aus dem Sud nehmen. Zum Servieren den Sud erwärmen und die Trauben darin schwenken.

BERBERITZEN

- 40 g Zucker
- 40 ml Birkenwasser
- 30 ml Geflügelfond
- 30 g Berberitzen
- 1 g Safran

Den Zucker in einem Topf unter Rühren zu einem leichten Karamell schmelzen. Mit dem Birkenwasser und Geflügelfond ablöschen und zu einem Drittel einkochen. Die Berberitzen dazugeben und mit Safran würzen. In dem Sud auskühlen lassen. Vor dem Servieren erwärmen.

BIRKENHOLZEIS

- 50 g getrocknetes Birkenholz
- 180 ml Birkenwasser
- 1,8 g Iota (s. S. 152)
- 60 g Crème fraîche
- 130 g griechischer Joghurt
- 30 ml Zuckersirup

Den Backofen auf 160 °C Ober- und Unterhitze vorheizen. Das Birkenholz im Backofen goldgelb toasten. Noch warm mit dem Birkenwasser aufgießen und abgedeckt 2 Stunden stehen lassen. Durch ein feines Sieb passieren. Birkenwasser und Iota in einen Topf geben und auf 85 °C erhitzen. Mit den restlichen Zutaten mischen und in einem Pacojetbecher 24 Stunden bei -22 °C gefrieren. Bei Bedarf pacossieren.

GARNITUR

- Redangpaste von Kumar's
- Bio-Traubensaftkonzentrat
- getrocknete Birkenblattspitzen

ANRICHTEN

Die Rebhuhnbrüste von den Karkassen lösen und auf den Tellern platzieren. Die hellen und dunklen Traubenhälften verteilen. Die Redangpaste auftupfen. Das Traubensaftkonzentrat auftropfen. Den Sud mit den Berberitzen angießen. Die Birkenblattspitzen verreiben und auf dem Gericht verteilen. Von dem Birkenholzeis Nocken abstechen und anlegen.

REDANG REBHUHN TRAUBEN BIRKENHOLZEIS

REISTEE KARAMELL ROTBARBE

REZEPT FÜR 4 PERSONEN | STANDZEIT: 1 STUNDE

ROTBARBE

8 Rotbarbenfilets
300 ml 4%ige Salzlake
16 Basilikumblätter
Limettenöl

Die Rotbarbenfilets waschen, trocken tupfen und in Stücke schneiden. Für 60 Minuten in die Salzlake einlegen. Herausnehmen und abtupfen. Die Basilikumblätter waschen und trocken schütteln. 4 Filets mit Basilikumblättern belegen und die anderen Filets darauflegen. Mit Limettenöl bestreichen, fest in Klarsichtfolie einwickeln und die Enden gut verknoten. Bei 56 °C im Wasserbad auf eine Kerntemperatur von 46 °C garen. Vor dem Anrichten herausnehmen.

GRÜNER TEE ALS GEBUNDENER SUD

200 ml Wasser
1 Teelöffel getrocknete grüne Teeblätter (s. S. 150)
Xanthanwasser

Das Wasser aufkochen und auf 80 °C abkühlen lassen. Die Teeblätter 2 Minuten darin ziehen lassen. Durch ein feines Sieb passieren und mit wenig Xanthanwasser binden.

SAHNE KARAMELL

300 ml Bio-Sahne
Salz

Die Sahne in einen Topf geben und so lange köcheln, bis sich das Fett trennt. Immer weiter köcheln, bis die Sahne nussbraun wird. Etwas salzen und warm stellen.

GRÜNE REISFLOCKEN

200 ml Sonnenblumenöl
20 g grüne Reisflocken
Ingwerpulver

Das Sonnenblumenöl in einem Topf auf 140 °C erhitzen. Die Reisflocken darin frittieren und auf Küchenpapier abtropfen lassen. Noch warm mit wenig Ingwerpulver würzen.

GARNITUR

4 Umeboshi-Pflaumen (s. S. 151)

ANRICHTEN

Den Grünen-Tee-Sud auf vier tiefe Teller verteilen. Die Rotbarbenfilets darauf legen. Den Sahnekaramell darüber tropfen. Die Umeboshi-Pflaumen arrangieren. Mit Reisflocken ausgarnieren.

Sahnekaramell und Fisch sind kein Widerspruch. Im Gegenteil: Hier liefern die salzigen, sauren und süßen Komponenten im Zusammenspiel mit den Fermentationsnoten von Pflaume und Sud aus grünem Tee ein komplexes und abwechslungsreiches Zusammenspiel auf Teller und Zunge.

RINDERHERZ ROTE BETE SALAT

GERÖSTETES LAUCHÖL

REZEPT FÜR 4 PERSONEN | STANDZEIT: 2 STUNDEN

RINDERHERZ

- 300 g Rinderherz
- 2 Pimentkörner
- 2 EL Ketjap Manis
- 10 g Beef Umami (s. S. 151)
- 5 ml Tomatenserum Push (s. S. 151)

Das Herz parieren, waschen, trocken tupfen und zuschneiden. Mit den übrigen Zutaten in einem geeigneten Beutel vakuumieren und bei 56 °C 40 Minuten im Wasserbad garen. Den Garsud in einen Topf geben und schnell reduzieren. Das Herz damit glasieren. Den Rest aufbewahren.

CASSISESSIG

- 50 g Cassispüree
- 20 ml Creme de Cassis
- 30 ml Cassisessig
- 15 g Muscovadozucker
- Abrieb von einer unbehandelten Zitrone
- 100 g Agar Agar Basismasse (s. S. 150)

Die Zutaten mithilfe eines Mixers fein pürieren und abschmecken. In eine Spritzflasche füllen und kalt stellen.

ROTE BEETE

- 200 g Rote Bete (am besten 2 Knollen)
- 40 ml Wasser
- 5 g Salz
- 3 g Zucker
- 2 g Nigella (s. S. 152)
- 10 ml Cassisessig (s. o.)

Die Rote Bete waschen und mit Wasser, Salz, Zucker und Nigella in einem geeigneten Beutel vakuumieren. Mindestens 90 Minuten bei 85 °C im Wasserbad garen. Herausnehmen und in Eiswasser herunterkühlen. Die Rote Bete schälen und in feine Scheiben schneiden. Mit Cassisessig marinieren.

UMAMI FOND

- 200 g Champignons
- 120 g Shiitakepilze
- 20 g Ingwer
- 30 g getrocknete Steinpilze
- 20 ml Olivenöl
- 500 ml Wasser
- 1 Stück Sternanis
- 10 g Kombu-Algen
- 40 ml Tosazusauce (s. S. 152)

Die Pilze feucht abreiben, putzen und halbieren. Den Ingwer mit einem Löffel schälen und in Scheiben schneiden. In einem großen Topf die Pilze und den Ingwer 5 Minuten bei geringer Temperatur im Olivenöl anschwitzen. Das Wasser angießen, Sternanis und Kombu-Algen dazugeben und einmal aufkochen lassen. Die Temperatur herunterschalten, Tosazusauce dazugeben den Sud 1 Stunde ziehen lassen. Abschäumen und noch weiter ruhen lassen. Durch ein Tuch passieren und abschmecken.

REISESSIGSUD

- Garsud vom Rinderherz (s. o.)
- 200 ml Umami Fond (s. o.)
- Reisessig
- Xanthanwasser

Den Sud erwärmen, den passierten Fond dazugeben und nicht mehr kochen lassen. Mit Reisessig mild säuern und mit wenig Xanthanwasser binden.

LAUCHÖL

- 3 Stangen Lauch
- 200 ml Sonnenblumenöl

Den Grill vorheizen. Den Lauch putzen, waschen und trocken schütteln. Auf dem Grill dunkel anrösten und bei niedriger Temperatur und bei geschlossenem Deckel garen. Mit dem Sonnenblumenöl im Mixer kurz mixen, auf 80 °C erhitzen, 2 Stunden ziehen lassen und passieren.

GARNITUR

- frisch geriebener Meerrettich
- Blutampferblätter

ANRICHTEN

Die Rote-Bete-Scheiben auf den Tellern arrangieren. Das Rinderherz in Streifen schneiden und daneben anrichten. Mit Meerrettich garnieren. Blutampferblätter verteilen. Den Fond angießen. Das Lauchöl auftropfen.

ROTER SELLERIE GEFÜLLT SCHWEINE-RÜCKEN PAK CHOI

REZEPT FÜR 4 PERSONEN | STANDZEIT: 4 STUNDEN

SELLERIEPÜREE

- 200 g Knollensellerie
- 40 g Butter
- Salz
- 1 Macis
- 40 ml Wasser
- 20 g Basic Textur (s. S. 151)

Den Sellerie waschen, schälen und in kleine Würfel schneiden. Mit den restlichen Zutaten in einem geeigneten Beutel vakuumieren und bei 90 °C im Wasserbad garen. Macis entnehmen und die Masse noch warm im Mixer pürieren.

ROTER SELLERIE

- ¼ Knollensellerie
- 50 ml roter Portwein
- 8 g Rote-Bete-Granulat
- Salz

Den Sellerie waschen, schälen und in hauchdünne Scheiben schneiden. Den Portwein in einem Topf kurz erhitzen und das Rote-Bete-Granulat einrühren. Den Sud auskühlen lassen. Leicht salzen und mit den Selleriescheiben in einem geeigneten Beutel vakuumieren. Mindestens 4 Stunden marinieren und kalt stellen. Anschließend aus dem Beutel nehmen und abtropfen lassen. Etwas Sud für die weitere Verwendung aufbewahren. Die Feuchtigkeit abtupfen, die Selleriescheiben auf Klarsichtfolie ausbreiten. Das Selleriepüree in die Mitte dressieren und die Scheiben mithilfe der Folie in der Mitte zusammenklappen. Mit einem Ringausstecher Kreise ausstechen.

PAK CHOI

- 4 kleine Pak Choi
- Salz
- 10 g Ingwer
- 1 Knoblauchzehe
- 40 g Butter

Pak Choi waschen und trocken schütteln. Die Blätter entfernen, die Pak-Choi-Knolle in der unteren Hälfte abschneiden. In einem Topf Salzwasser mit Ingwer und angedrückter Knoblauchzehe zum Kochen bringen und die Pak-Choi-Knolle darin blanchieren. In etwas von dem Kochsud weiter dünsten. Zuletzt mit Butter glasieren. Die Pak-Choi-Blätter im selben Topf blanchieren. Herausnehmen, abtropfen lassen und bis zur Verwendung warm stellen.

SCHWEINERÜCKEN

- 400 g Schweinerücken mit Fett
- 50 ml Schwarzkümmelöl
- 50 ml reduzierte Schweinejus (s. u.)
- 10 ml Ketjap Manis
- Salz

Den Schweinerücken waschen und trocken tupfen. Mit den restlichen Zutaten in einem geeigneten Beutel vakuumieren und bei 65 °C bis zu einer Kerntemperatur von 58 °C garen. Das Fleisch herausnehmen, abtupfen und in einer Pfanne ohne Zugabe von Fett auf der Fettseite anbraten, bis diese gleichmäßig gebräunt ist. Mit Salz würzen.

REDUZIERTE SCHWEINEJUS

- 60 ml roter Portwein
- 30 ml weißer Portwein
- 30 ml Ketjap Manis
- 20 ml dunkler Balsamessig
- 500 ml Schweinefond
- Rote-Bete-Sud (s. o.)

Roten und weißen Portwein in einem Topf erhitzen. Ketjap Manis und Balsamessig zugeben und alles zu einem Sirup einkochen. Kurz vor dem Karamellisieren mit Schweinefond aufgießen und bis zur gewünschten Konsistenz reduzieren. Mit etwas Rote-Bete-Sud vom Sellerie abschmecken.

GARNITUR

- geröstete weiße und schwarze Sesamkörner
- Sesampulver

ANRICHTEN

Je 1 Pak Choi Blatt auf einen Teller legen, die Knolle in Scheiben schneiden und darauf geben. Mit Sesamkörnern garnieren. Den Schweinerücken aufschneiden, platzieren und die gefüllten roten Selleriescheiben anrichten. Die Schweinjus angießen. Etwas Sesampulver darüber streuen.

REZEPT FÜR 4 PERSONEN | STANDZEIT: 36 STUNDEN

SCHWEINEJUS

- 40 ml roter Portwein
- 40 ml weißer Portwein
- 20 ml Ketjap Manis
- 20 ml dunkler Balsamessig
- 500 ml Schweinefond

Roten und weißen Portwein in einem Topf erwärmen. Ketjap Manis und Balsamessig zugeben und alles zu einem Sirup einkochen. Den Schweinefond angießen und auf die gewünschte Konsistenz reduzieren.

SCHWEINEBAUCH

- 300 g küchenfertiger Schweinebauch ohne Knochen
- 20 ml Räucheröl
- 2 g Cumin
- 20 ml Ketjap Manis
- 10 g salzige Lakritzpaste
- 20 ml Sojasauce

Den Schweinebauch mit dem Räucheröl und Cumin in einem geeigneten Beutel vakuumieren und bei 65 °C 36 Stunden garen. Ketjap Manis, Lakritzpaste und Sojasauce verrühren. Die Schwarte, noch warm, herunternehmen und den Bauch rechteckig zuschneiden. Den Bauch mit der Lakritz-Soja-Paste einstreichen, vakuumieren. Anschließend in Eiswasser herunter kühlen. Den Garfond aufbewahren. Bei Bedarf den Schweinebauch regenerieren und vor dem Anrichten mit einer Blow Torch flambieren.

GETROCKNETE SCHWARTE

- Schwarte vom Schweinebauch (s. o.)
- 220 ml Sonnenblumenöl
- Ducca (s. S. 152)

Die Schwarte im Dörrautomaten über Nacht trocknen lassen. Mit dem Plättiereisen grob zerkleinern und in einem tiefen Topf im heißen Öl ausbacken, bis sie aufpoppt. Mit Ducca abschmecken.

SAUCE

- 200 ml Schweinejus (s. o.)
- Garfond vom Schweinebauch (s. o.)
- 20 g eingelegter Ingwer
- Xanthanwasser

Die Schweinejus mit etwas vom Garfond verrühren und aufkochen. Den Ingwer darin kurz ziehen lassen. Durch ein feines Sieb passieren und mit Xanthanwasser binden.

JUNGER LAUCH

- 12 Stück junger Lauch
- Salz
- 30 g Butter

Den Lauch putzen, waschen, trocken schütteln und in kräftig gesalzenem Wasser blanchieren. In einer Pfanne in der heißen Butter anschwitzen und glasieren. Wenig salzen und die hellen Enden kurz mit einer Blow Torch karamellisieren.

BRUNOISE

- 40 g gelbe und orangefarbene Karottenwürfel
- 30 g Selleriewürfel
- 20 ml Sesamöl
- Salz
- 20 g Butter

Die Gemüsewürfel mischen und in einer Pfanne im heißen Sesamöl anrösten. Salzen und in der heißen Butter glasieren.

ANRICHTEN

Den Schweinebauch aufschneiden, anrichten und die Lauchstangen anlegen. Mit den Brunoise garnieren und die Sauce angießen. Die gepoppte Schweineschwarte zerbröseln und aufstreuen.

SCHWEINEBAUCH LAUCH LAKRITZ

YUZU KOSHO MAISPOULARDE MAIS

REZEPT FÜR 4 PERSONEN | STANDZEIT: 1 STUNDE

MAISPOULARDE

- 2 Maispoulardenbrüste
- 500 ml 4 %ige Salzlake
- 10 g Yuzu Kosho (s. S. 152)
- 40 g Butter

Die Poulardenbrüste waschen und trocken tupfen. Für 60 Minuten in die Salzlake einlegen. Anschließend abtupfen und auf der Unterseite mit der Yuzu Kosho einreiben. In einen geeigneten Beutel geben und vakuumieren. Bei 65 °C bis auf eine Kerntemperatur von 58 °C garen. Herausnehmen und auf der Hautseite knusprig braten. In schäumender Butter glasieren. Bis zum Servieren warm stellen. Vor dem Servieren in Tranchen schneiden.

REDUZIERTE GEFLÜGELJUS

- 60 ml Rotwein
- 20 ml Ketjap Manis
- 10 ml dunkler Balsamessig
- 500 ml Geflügelfond

Den Rotwein in einem Topf erhitzen. Ketjap Manis und Balsamessig zugeben und alles zu einem Sirup einkochen. Kurz vor dem Karamellisieren mit Geflügelfond aufgießen und bis zur gewünschten Konsistenz reduzieren.

MAIS

- 4 frische Babymaiskolben
- 20 g Butter
- 20 ml Wasser
- Salz
- Safranpulver

Die Maiskolben waschen und trocken tupfen. Mit Butter, Wasser, Salz und etwas Safranpulver in einem geeigneten Beutel vakuumieren und bei 85 °C im Wasserbad 30 Minuten garen. Dann in Eiswasser herunterkühlen. Die Maiskolben aus dem Beutel nehmen und bei Bedarf mit dem Sud glasieren. Die Maiskolbenspitzen mit der Blow Torch abflämmen.

MAISPÜREE

- 50 ml Gemüsefond
- 200 g Maiskörner
- 20 g Basic Textur (s. S. 151)
- 30 g Butter
- Salz
- Zitronensaft

Den Gemüsefond in einem Topf zum Kochen bringen und die Maiskörner darin garen. Noch warm im Mixer im Fond zu einer feinen Masse pürieren. Die Masse mit Basic Textur binden und mit Butter montieren. Mit Salz und Zitronensaft abschmecken.

HING CHOI

- 4 Stück roter Hing Choi
- 1 Knoblauchzehe
- 30 g Butter
- 10 ml Sud von eingelegtem Ingwer
- Salz

Den Hing Choi waschen und trocken schütteln. Den Knoblauch schälen, andrücken und eine Pfanne damit ausreiben. Die Butter darin aufschäumen lassen und den Hing Choi darin dünsten. Mit dem Ingwersud und Salz abschmecken.

GARNITUR

- geröstete Sonnenblumenkerne
- fein gehackte kandierte Oliven

ANRICHTEN

Die Hing Choi auf die Teller geben. Das Maispüree anrichten und die tranchierten Maispoulardenbrüste darauf platzieren. Die Babymaiskolben arrangieren und die gerösteten Sonnenblumenkerne auf die Poularde setzen. Mit kandierten Oliven bestreuen. Die Geflügeljus angießen.

UMAMI-INTENSITÄT

5

Surf 'n' Turf in intensiver Umamivariante. Denn der Aal erfährt durch den Lack aromatische Nuancierung und bekommt vom geschmacklich intensiven Rindfleischextrakt in der Garnitur einen versteckten, aber gleichwertigen Gegenspieler. Die bekannten Geschmacksbilder ergänzen sich nicht nur, sie vermählen sich zu einer geschmacklichen Sensation. Der geröstete Sellerie gewinnt durch die Verwendung seiner gewaschenen Schalen an Geschmack. Und hier zeigt das Kaffeeöl, wie vielseitig Kaffee auch bei starken Geschmacksbildern als Gewürz verwendet werden kann, um gezielt leichte Akzente zu setzen.

AAL SELLERIE

REZEPT FÜR 4 PERSONEN | STANDZEIT: 6 WOCHEN, CA. 4 STUNDEN

AAL

- 4 Stücke küchenfertiger Aal à 100 g, mit Mittelgräte
- 500 ml 3%ige Salzlake
- 20 ml Sonnenblumenöl
- 40 ml Ketjap Manis
- 20 ml Limettenöl
- 5 ml Chiliöl
- 50 ml Krustentierfond (s. S. 37)

Die Aalstücke waschen und trocken tupfen. Für 60 Minuten in der Salzlake einlegen. Den Backofen auf 80 °C Ober- und Unterhitze vorheizen. Die Aalstücke abtupfen und in Sonnenblumenöl kräftig anbraten. Anschließend in der Pfanne 15 Minuten im Backofen garen. Die übrigen Zutaten vermischen und zu einem Sud kochen und zu einer zähen Flüssigkeit einkochen. Anschließend den Aal damit lackieren und bis zum Servieren warm stellen.

SELLERIEPÜREE

- 200 g geschälter Knollensellerie
- 40 g Butter
- Salz
- 1 kleines Stück Macis
- 40 ml Wasser
- 20 g Basic Textur (s. S. 151)
- Zitronensaft

Den Sellerie fein würfeln. Mit Butter, Salz, Macis und Wasser in einem geeigneten Beutel vakuumieren und bei 90 °C im Wasserbad 60 Minuten garen. Die Macis entfernen und den Sellerie noch warm im Mixer fein pürieren. Mit Basic Textur, Salz und Zitronensaft abschmecken.

SELLERIESUD

- 300 g Knollensellerie
- 300 ml Wasser
- 1 Lorbeerblatt
- 1 schwarze Kardamomkapsel
- 10 ml Sojasauce
- 1 g getrocknete grüne Teeblätter
- Xanthanwasser

Den Grill anzünden. Den Sellerie waschen und trocken tupfen. Mit Schale in große Stücke schneiden und auf dem Grill von allen Seiten stark rösten. Das Wasser mit den übrigen Zutaten bis auf die Teeblätter und Xanthanwasser in einem Topf aufkochen und den Sellerie darin bei 60 °C ziehen lassen. Nach 20 Minuten die Teeblätter dazugeben und alles auskühlen lassen. Den Sud durch ein feines Sieb passieren und mit Xanthanwasser binden. Würzig abschmecken.

ENGLISCHER SELLERIE

- 1 Stange englischer Sellerie
- 10 ml Mirin
- 5 ml Limettenöl
- Salz
- 5 g Butter

Den Sellerie putzen, waschen und trocken schütteln. In kochendem Wasser kurz blanchieren, in Eiswasser herunterkühlen und die Fäden ziehen. Den Sellerie in feine Würfel schneiden. Mit dem Mirin, Limettenöl und Salz in einem geeigneten Beutel vakuumieren. 2 Stunden kalt stellen. In der heißen Butter mit dem Sud glasieren.

GERÖSTETE CASHEWKERNE

- 50 g Cashewkerne
- 100 ml Sonnenblumenöl
- Salz

Die Cashewkerne in das kalte Sonnenblumenöl in einer Pfanne geben und unter Schwenken das Öl erhitzen. Die goldgelb gerösteten Kerne herausnehmen und auf Küchenpapier abtropfen lassen. Noch warm leicht salzen und fein hacken.

BÄRLAUCHKAPERN

- 40 geschlossene Bärlauchblüten
- 80 ml warmes Wasser
- 20 ml Reisessig
- 8 g Zucker
- 3 g Salz
- 5 Pimentkörner

Die Bärlauchkapern waschen und trocken tupfen. Die übrigen Zutaten vermischen und die Kapern hineinlegen. Kalt stellen. Nach 6 Wochen können die Kapern entnommen werden. Sie sind mindestens 12 Monate haltbar.

GARNITUR

- 30 g rote Paprikaschote
- 5 ml Kaffeeöl (s. S. 151)
- 10 g Beef Umami Rindfleischextrakt (s. S. 151)
- gezupftes Selleriegrün
- Umamisalz (s. S. 149)
- geröstetes Sesamöl

ANRICHTEN

Die Paprika waschen, trocknen, schälen und in feine Würfel schneiden. Zusammen mit den Selleriewürfeln in Kaffeeöl marinieren. Den Rindfleischextrakt auf die Teller streichen. Den gerösteten Selleriesud auftupfen. Je 1 Stück Aal in der Mitte platzieren. Selleriewürfel und Paprika auf den Aal geben. Die Bärlauchkapern arrangieren und mit Selleriegrün und gerösteten Cashewkernen ausgarnieren. Etwas Umamisalz darüber geben. Sesamöl in den Sud tropfen lassen.

RINDFLEISCHEXTRAKT

FERMENTIERTE

REZEPT FÜR 4 PERSONEN | STANDZEIT: 4 WOCHEN, 3 TAGE

REISCREME

- 200 ml Reiswasser
- 1 Stängel Zitronengras
- 1 kleine frische Chilischote
- 1 Sternanis
- 20 g Reismehl
- 20 ml Mirin
- 10 ml Reisessig
- Salz
- Muschelfond (s. u.)

Das Reiswasser in einem Topf erhitzen. Zitronengras und Chili waschen, trocknen und andrücken. Gewürze zum Reiswasser geben und 20 Minuten ziehen lassen. Die Gewürze herausnehmen und den Sud einmal aufkochen. Sofort das Reismehl einrühren und köcheln, bis eine sämige Masse entstanden ist. Mirin und Reisessig unterrühren. Mit Salz und Muschelfond abschmecken.

MUSCHELSAUCE

- 100 g Basmatireis
- 2 Stängel Zitronengras
- 1 kleines Stück Ingwer
- 1 rote Chilischote
- 400 ml Wasser
- Salz
- 20 g Lupinenmisopaste (s. S. 151)
- Muschelfond (s. u.)

Den Reis waschen, bis das Wasser klar ist. Zitronengras, Ingwer und Chili waschen, trocknen und andrücken. Reis und Gewürze mit dem Wasser in einen Topf geben und den Reis nach Packungsanweisung weich kochen. Leicht salzen und die Misopaste dazugeben. Noch warm passieren und in einen Behälter umfüllen. Fest verschließen und 3 Tage bei 38 °C reifen lassen. Im Anschluss für mindestens 4 Wochen im Kühlschrank stehen lassen. Für die weitere Verarbeitung so viel Reis entnehmen, wie benötigt wird, und fein pürieren. Mit etwas Muschelfond zu einer Sauce verarbeiten.

KAROTTENPÜREE

- 200 g Karotten
- 30 g Butter
- 30 ml Karottensaft
- 20 g Basic Textur (s. S. 151)
- Salz
- 2 g Vadouvan (s. S. 152)

Die Karotten schälen, klein schneiden und mit den übrigen Zutaten außer Salz und Vadouvan in einem geeigneten Beutel vakuumieren. Bei 85 °C 50 Minuten im Wasserbad garen. Die Karotten noch heiß im Mixer zu einem feinen Püree verarbeiten. Mit Salz und Vadouvan abschmecken.

VIOLETTE KAROTTEN

- 2 violette Karotten
- 20 g Butter
- 30 ml Wasser
- Salz

Die Karotten waschen und sauber bürsten. Ungeschält mit den restlichen Zutaten in einem geeigneten Beutel vakuumieren. Bei 85 °C 55 Minuten im Wasserbad garen und in Eiswasser herunterkühlen. Die Karotten schälen und bei Bedarf in Butter glasieren und abschmecken.

MUSCHELN

- 8 große Miesmuscheln
- 2 Korianderwurzeln
- 200 ml Geflügelfond
- 20 ml Limettenöl
- 1 Lorbeerblatt
- ½ Sternanis
- 10 ml Sojasauce

Die Miesmuscheln waschen und säubern. Die Korianderwurzeln waschen, trocknen und andrücken. Den Geflügelfond mit den übrigen Zutaten in einem Topf aufkochen und die Muscheln 3 Minuten darin kochen. Vom Herd nehmen, den Topf abdecken und die Muscheln 8 Minuten ziehen lassen. Anschließend aus der Schale lösen (geschlossene Muscheln wegwerfen). Den Fond passieren. Etwas davon einkochen, die Muscheln darin wenden und warm stellen. Den restlichen Fond oben verwenden.

GARNITUR

- zerdrückte geröstete Erdnüsse
- Zimtblütenpulver
- Levkojenblüten

ANRICHTEN

Die Reiscreme auf die Teller verteilen. Die violetten Karotten anrichten. Die Muscheln daraufsetzen. Das Karottenpüree auftupfen. Die gerösteten Erdnüsse anlegen und Muschelsauce angießen. Mit den Blüten garnieren.

REISCREME MIESMUSCHELN KAROTTEN

KARTOFFEL MISOQUARK WILDER GARTEN

No waste und ein Plus an Geschmack: Ein leichtes Gericht und ein geschmacksintensives Schwergewicht zugleich. Ressourcen werden nicht verschwendet, sondern zum Einsatz gebracht. Neben dem Kartoffelwasser sorgt die Schale der Kartoffel für intensive Röstaromen, welche die Frische des Gerichts nicht überlagern, sondern unterstreichen. Miso und Quark liefern hier die sichere Grundlage, um den Spargel voll zur Geltung bringen zu können.

REZEPT FÜR 4 PERSONEN | STANDZEIT: 20 MINUTEN

KARTOFFEL

- 4 Kartoffeln, Sorte Laura
- 20 g Butter
- 2 g Kaschmir Curry
- 30 ml Wasser
- 3 g Salz
- 20 ml Limettenöl
- 20 ml Rote-Bete-Saft

Die Kartoffeln waschen und abbürsten. Mit den restlichen Zutaten in einem geeigneten Beutel vakuumieren und bei 95 °C für 40 Minuten im Wasserbad garen. Herausnehmen und in dem entstandenen Sud glasieren.

GERÖSTETE KARTOFFELSCHALE

- 1 Kartoffel
- Olivenöl
- Salz

Den Backofen auf 230 °C Ober- und Unterhitze vorheizen. Die Kartoffel waschen und schälen. Die Kartoffelschale mit Olivenöl einstreichen und auf einem Blech im Backofen 20 Minuten rösten. Noch warm leicht salzen und in einer luftdicht verschließbaren Box bis zur Verwendung lagern. Die Kartoffel anderweitig verwenden.

RÖSTKARTOFFELSUD

- 200 g Kartoffeln mit Schalen
- 200 ml Gemüsefond
- 100 ml Kartoffelwasser
- 10 ml Sojasauce
- 3 frische Lorbeerblätter
- 1 Zweig Zitronenthymian
- Salz

Den Backofen auf 230 °C Ober- und Unterhitze vorheizen. Die Kartoffeln waschen und gut abbürsten. In Scheiben schneiden und auf einem Blech im Backofen 20 Minuten rösten. Den Gemüsefond und das Kartoffelwasser in einem Topf aufkochen. Die Kartoffelscheiben und Sojasauce dazugeben. Die Kräuter waschen, trocken schütteln und die Thymianblättchen abzupfen. Lorbeer und Thymian in den Topf geben und alles 20 Minuten ziehen lassen. Den Sud durch ein feines Sieb passieren und mit Salz abschmecken.

MISOQUARK

- 150 g Magerquark
- 30 ml Sahne
- 30 g Kome-Misopaste (s. S. 151)
- Zitronensaft

Den Quark mit der Sahne cremig aufschlagen. Die Misopaste unterheben und mit etwas Zitronensaft glattrühren.

WILDER SPARGEL

- 100 g Wilder Spargel
- Salz
- 20 g Butter

Den Spargel putzen und waschen. In stark gesalzenem Wasser blanchieren. Herausnehmen und abtropfen lassen. Den Spargel mit etwas Butter glasieren und leicht salzen.

GARNITUR

- 10 g Brunnenkresseblätter
- 5 g Gundermann
- 5 g Scharfgabe
- 5 g Blutampfer
- 12 wilde Erdbeeren

ANRICHTEN

Kräuter und Erdbeeren waschen und trocken schütteln bzw. tupfen. Den Spargel auf die Teller verteilen und die Kartoffeln darauf platzieren. Den Misoquark in Nocken darunter anrichten. Mit den Kräutern und den Erdbeeren garnieren. Die gerösteten Kartoffelschalen anlegen. Den Kartoffelsud angießen.

MAISPOULARDE ROTBARBEN-TATAR KAROTTE

MAISPOULARDE ROT

REZEPT FÜR 4 PERSONEN | STANDZEIT: 1 TAG, CA. 4 STUNDEN

MAISPOULARDE

- 1 Maispoulardenbrust
- Öl
- 500 ml 4%ige Salzlake
- 20 g Butter
- Kaffeesalz (s. S. 148)

Den Backofen auf 160 °C Ober- und Unterhitze vorheizen. Die Poulardenbrust waschen und trocken tupfen. Die Haut lösen, zwischen zwei Silpatmatten legen, mit etwas Öl bestreichen und im Backofen 20 Minuten rösten und trocknen. Die Brust 50 Minuten in Salzlake einlegen und abtrocknen. Stramm in Klarsichtfolie einrollen und bei 65 °C im Wasserbad auf eine Kerntemperatur von 58 °C garen. Anschließend in aufschäumender Butter anbraten und ggfs. leicht mit Kaffeesalz nachsalzen. Warm stellen.

FISCHFOND

- 40 ml Noilly Prat
- 1 kg Fischkarkassen
- 1 l Wasser
- 4 g Anissamen
- 4 Nelkenpfefferkörner
- 1 Lorbeerblatt
- ½ unbehandelte Zitrone
- 3 g Salz

Den Noilly Prat einmal aufkochen und abkühlen lassen. Alle Zutaten in einem geeigneten Beutel vakuumieren und für 15 Minuten bei 85 °C in den Kombidämpfer geben. Herausnehmen und bei 65 °C im Wasserbad 1 Stunde ziehen lassen. Anschließend durch ein feines Sieb passieren und in einem verschließbaren Glas mit Gummidichtung aufbewahren.

FISCHBOUILLON

- 500 ml Fischfond (s. o.)
- 2 Stängel Zitronengras
- 5 Limettenblätter
- 1 Curryblatt
- ½ Kurkumawurzel
- 5 g rote Currypaste (z. B. von Kumars)
- Safranpulver
- 1 EL Nuoc-mâm-Sauce
- Limettenöl

Den Fischfond in einem Topf aufkochen. Vom Zitronengras die äußeren, harten grünen Blätter entfernen, das Weiße fein hacken. Limettenblätter und das Curryblatt andrücken. Die Kurkumawurzel schälen und in Scheiben schneiden. Zitronengras, Limettenblätter, Curryblatt und Kurkuma mit der Currypaste in einen großen Topf geben und bei geringer Temperatur kurz dünsten. Den heißen Fond angießen. 1 Messerspitze Safran und die Nuoc-mâm-Sauce dazugeben. Die Temperatur reduzieren, den Topf mit Klarsichtfolie abdecken und die Bouillon köcheln lassen. Nach 30 Minuten durch ein Tuch passieren und abschmecken.

ROTBARBE

- 2 große Rotbarben
- 10 Fenchelsamen
- 1 kleine Kapsel schwarzer Kardamom
- 1 Lorbeerblatt
- 15 g Zucker
- Fleur de Sel
- 1 kleine Chilischote
- 50 ml Verjus
- 50 ml Limettenessig
- 300 ml Fischbouillon (s. o.)

Die Rotbarben waschen und schuppen. Die Schuppen zur weiteren Verwendung beiseitelegen. Sie anschließend ausnehmen, filetieren, Gräten entfernen, und die Filets zuschneiden. Die Fleischabschnitte und Köpfe beiseitelegen. Fenchelsamen, Kardamom und Lorbeerblatt im Mörser zerstoßen. Im einem Topf unter Rühren ohne Fett anrösten und mit dem Zucker und Fleur de Sel vermengen. Die Chilischote putzen, waschen, entkernen und klein schneiden. Etwas Chilischote zu den übrigen Gewürzen in den Topf geben. Mit Verjus und Limettenessig verrühren. Die Marinade mit den Rotbarbenfilets in einem geeigneten Beutel vakuumieren und 24 Stunden marinieren lassen. Herausnehmen und abtupfen. Die Barbenfilets fein hacken. Den Backofen auf 220 °C Ober- und Unterhitze vorheizen. Die Köpfe mit den Gräten auf einem Blech im Backofen kräftig rösten und in die Fischbouillon geben. Etwas einkochen und nach 20 Minuten durch ein feines Sieb passieren. Auf ein Minimum einkochen und ausgekühlt zu den gehackten Rotbarben geben.

BARBENTATAR
KAROTTE

ORANGEFARBENE KAROTTE

- 2 orangefarbene Karotten
- 2 Korianderwurzeln
- 6 zerdrückte Korianderkörner
- 40 ml Karottensaft
- 20 g Butter

Die Karotten und die Korianderwurzeln schälen und mit den übrigen Zutaten in einem geeigneten Beutel vakuumieren. Bei 85 °C im Wasserbad 40 Minuten garen, in Eiswasser herunterkühlen und bei Bedarf erwärmen und glasieren. Auf der Außenseite mit einer Blow Torch abflämmen.

HASELNUSSCREME

- 50 g Haselnüsse
- 120 ml Milch
- 15 g Honig
- Salz

Die Nüsse in einem Mixer zu einer homogenen Masse zerkleinern. Mit der Milch versetzen und mit Honig abschmecken. Alles bei 80 °C zu einer cremigen Masse verarbeiten und leicht salzen.

GEHACKTE HASELNÜSSE

- 40 g Haselnüsse
- 30 g Butter

Die Nüsse in warmem Wasser einlegen und anschließend die äußere Haut abziehen. Die Nüsse grob hacken. Die Butter in einer Pfanne aufschäumen lassen. Die Nüsse darin schwenken, bis sie leicht Farbe genommen haben.

GEFLÜGELFOND

- 1 kg Geflügelknochen (von den Flügeln)
- 1,5 l Wasser
- 40 ml Sojasauce

Die Geflügelknochen abspülen und trocken tupfen. Alle Zutaten in einen geeigneten Beutel geben und vakuumieren. Für 15 Minuten bei 85 °C in den Kombidämpfer geben. Herausnehmen und 2–3 Stunden bei 65 °C im Wasserbad ziehen lassen. Anschließend durch ein feines Sieb passieren und in einem Glas mit Gummidichtung aufbewahren.

GEFLÜGELJUS

- 80 ml Portwein
- 20 ml Ketjap Manis
- 20 ml dunkler Balsamessig
- 500 ml Geflügelfond (s. o.)
- Haselnussöl

Den Portwein in einem Topf erhitzen. Ketjap Manis und Balsamessig zugeben und alles zu einem Sirup einkochen. Kurz vor dem Karamellisieren mit Geflügelfond aufgießen und auf die gewünschte Konsistenz reduzieren. Mit Haselnussöl montieren und abschmecken.

GARNITUR

- gezupfter Giersch

ANRICHTEN

Die Maispoularde in Tranchen schneiden und anrichten. Die Karotten und Korianderwurzeln längs halbieren, platzieren und die Haselnusscreme darauf dressieren. Mit den gehackten Haselnüssen bestreuen und dem gezupften Giersch garnieren. Das Rotbarbentatar zu Nocken abdrehen und anrichten. Die Poulardenhaut und die Fischschuppen gleich groß hacken, mischen und aufstreuen. Die Jus angießen.

RETTICH DASHI KÜRBISNUDELN SPROTTE

REZEPT FÜR 4 PERSONEN | STANDZEIT: CA. 1 STUNDE, 30 MINUTEN

KÜRBISREISNUDELN

100 g Kürbisreisnudeln
400 ml Umami-Bouillon (s. S. 80)
2 g Kurkumapulver

Die Kürbisreisnudeln in der Umami Bouillon mit dem Kurkuma bissfest garen. Herausnehmen, abtropfen lassen und in Eiswasser herunterkühlen. Mit einer Gabel zu einem Nest formen und bei Bedarf in einem Dampfkorb erhitzen.

RETTICH

1 grüner Rettich
1 kleiner weißer Rettich mit Grün

Die Rettiche waschen, trocken tupfen und putzen. Das Grün für die Garnitur zur Seite legen. Die Rettiche schälen und auf einem Küchenhobel in ganz feine Streifen hobeln. Für 5 Minuten in Eiswasser legen.

PAPRIKA

1 rote Spitzpaprikaschote

Die Paprikaschote waschen und putzen. Längs halbieren und das Kerngehäuse herausschneiden. Die Schotenhälften in feine Streifen schneiden.

SPROTTE

4 Kieler Sprotten ohne Kopf
5 ml Chiliöl

Die Sprotten mit dem Chiliöl leicht einstreichen und bei 45 °C im Backofen warm stellen.

GARNITUR

Rettichgrün (s. o.)
20 ml Kürbiskernöl

ANRICHTEN

Die Kürbisnudeln auf den Tellern anrichten. Die Sprotten darauf legen. Mit Paprika- und Rettichstreifen garnieren. Den Sud angießen. Kürbiskernöl auftropfen.

SCHWEINERIPPCHENSUD

- 1 Stück Ginseng
- 1 Knoblauchzehe
- 1 Stängel Zitronengras
- 400 g Schweinerippchen
- 2 schwarze Kardamomkapseln
- 1 Sternanis
- 5 Zimtblüten
- 1 Macis
- 2 Lorbeerblätter
- 4 Langpfeffer
- 4 getrocknete Shiitake Pilze
- 50 ml Sojasauce
- Xanthanwasser

Ginseng und Knoblauch schälen. Das Zitronengras waschen und trocken tupfen, mit einem Messer platt drücken. Die Rippchen mit den Gewürzen, getrockneten Pilzen und Sojasauce in einen Topf geben und mit Wasser bedecken. Einmal aufkochen lassen, die Temperatur herunterschalten und die Rippchen bei geschlossenem Deckel leicht köcheln. Wenn das Fleisch weich ist, den Sud durch ein feines Sieb passieren, reduzieren und mit wenig Xanthanwasser binden.

WEISSER WELS

- 4 Stücke weißer Wels (à 80 g)
- 500 ml 4 %ige Salzlake
- Abrieb von 1 unbehandelten Limette
- 40 ml Limettenöl

Die Welsstücke waschen und trocken tupfen. 60 Minuten in Salzlake einlegen, herausnehmen und abtrocknen. Mit dem Limettenabrieb bestreuen und mit dem Limettenöl in einem geeigneten Beutel vakuumieren. Bei 56 °C im Wasserbad 15 Minuten pochieren.

PAPRIKACREME

- 300 g rote Paprikaschote
- 2 Stängel Zitronengras
- Chilipulver
- Salz
- Zucker
- Limettenöl
- Agar Agar Basismasse (s. S. 150)

Die Paprikaschote waschen, trocken tupfen und entkernen. Das Zitronengras putzen, waschen und trocken schütteln. Paprika und Zitronengras entsaften. Den Saft mit den Gewürzen, Zucker und Öl abschmecken und mit der Agar Agar Basismasse binden. Kalt stellen.

PORK FLOSS

- 40 g Pork Floss
- 20 ml Ketjap Manis
- Saft und Abrieb von ½ unbehandelten Limette
- Chiliöl
- 10 ml Limettenöl

Das Pork Floss mit den übrigen Zutaten vermengen und stehen lassen, bis das Floss wieder weich wird.

GARNITUR

- sautierte Sojabohnen (s. S. 41)
- eingeweichte Wolfberries
- gehackter Koriander

ANRICHTEN

Die Paprikacreme aufstreichen und den Fisch anrichten. Die Sojabohnen mit dem Porkfloss auf dem Fisch arrangieren. Die Beeren anlegen und den Koriander aufstreuen. Den Sud angießen.

SCHWEINE-RIPPCHENSUD WEISSER WELS PAPRIKA

TAUBE
SHIITAKE
PILZE
KAKI

REZEPT FÜR 4 PERSONEN | STANDZEIT: 3 STUNDEN, 10 MINUTEN

TAUBE

- 3 küchenfertige Tauben
- 10 ml Olivenöl
- 20 ml Ketjap Manis
- 500 ml 4%ige Salzlake
- 100 g Shiitakepilze
- 30 g Korianderblätter
- 5 g Gundermannblätter
- 20 g Butter
- Salz

Den Backofen auf 160 °C Ober- und Unterhitze vorheizen. Die Tauben waschen und trocken tupfen, die Brüste auslösen und die Karkassen für den Fond zur Seite stellen. Die Haut von den Taubenbrüsten entfernen und zwischen zwei Silpatmatten legen. Mit etwas Öl und Ketjap Manis bestreichen. Im Backofen 20 Minuten rösten und dabei trocknen. Die Taubenbrüste 50 Minuten in der Salzlake einlegen, herausnehmen und abtrocknen. Die Shiitakepilze putzen und feucht abreiben. In sehr dünne Scheiben schneiden. Koriander und Gundermann waschen, trocken schütteln und fein hacken. Mit den Pilzscheiben vermengen. Die Taubenbrüste in Shiitakepilzen und Koriander wenden und fest in Klarsichtfolie einwickeln. Die Enden gut verknoten. Bei 65 °C im Wasserbad bis auf eine Kerntemperatur von 56 °C garen. Die Brüste aus der Folie nehmen, in aufschäumender Butter anbraten und leicht salzen. Warm stellen.

TAUBENJUS

- Taubenkarkassen (s. o.)
- Sonnenblumenöl
- 1 l Wasser
- 30 ml Sojasauce (z. B. von Kikkoman)
- 150 ml Portwein
- 30 ml Ketjap Manis
- 20 ml Cabernet Sauvignon Essig (z. B. von Forum)
- Xanthanwasser bei Bedarf

Die Taubenkarkassen klein hacken und in einem großen Topf in etwas heißem Öl anrösten. Mit Wasser und Sojasauce aufgießen und mindestens 2 Stunden ziehen lassen. Den Fond durch ein feines Sieb streichen. Den Portwein, Ketjap Manis und Essig in einem separaten Topf reduzieren. Kurz bevor die Reduktion karamellisiert, den Taubenfond angießen. So lange reduzieren, bis die gewünschte Konsistenz erreicht ist. Gegebenenfalls mit Xanthanwasser binden. In eine Spritzflasche füllen.

KAKI

- 1 Kaki (Sorte Sharon)
- 6 g brauner Rohrzucker
- 20 ml Reisessig
- Salz

Die Kaki waschen, trocken tupfen und in feine Würfel schneiden. Mit dem Zucker mischen und 20 Minuten stehen lassen. Zuletzt den Essig unterheben und die Kaki leicht salzen.

KNOLLENZIEST

- 200 g Knollenziest
- Salz
- 30 g Butter
- 10 ml Mandelöl

Die Knollenziest putzen, waschen und trocken reiben. In kräftig gesalzenem Wasser bissfest garen. In der heißen Butter glasieren und mit Mandelöl abschmecken.

GARNITUR

- Gewürztagetes

ANRICHTEN

Jeweils eine halbe Taubenbrust pro Teller anrichten. Die anderen zwei Brusthälften in vier Stücke schneiden und pro Teller ein Viertel anlegen. Den Knollenziest und die Kaki arrangieren, die geröstete Taubenhaut zerkleinern und darüber geben. Mit Gewürztagetes garnieren und die Taubenjus auftropfen.

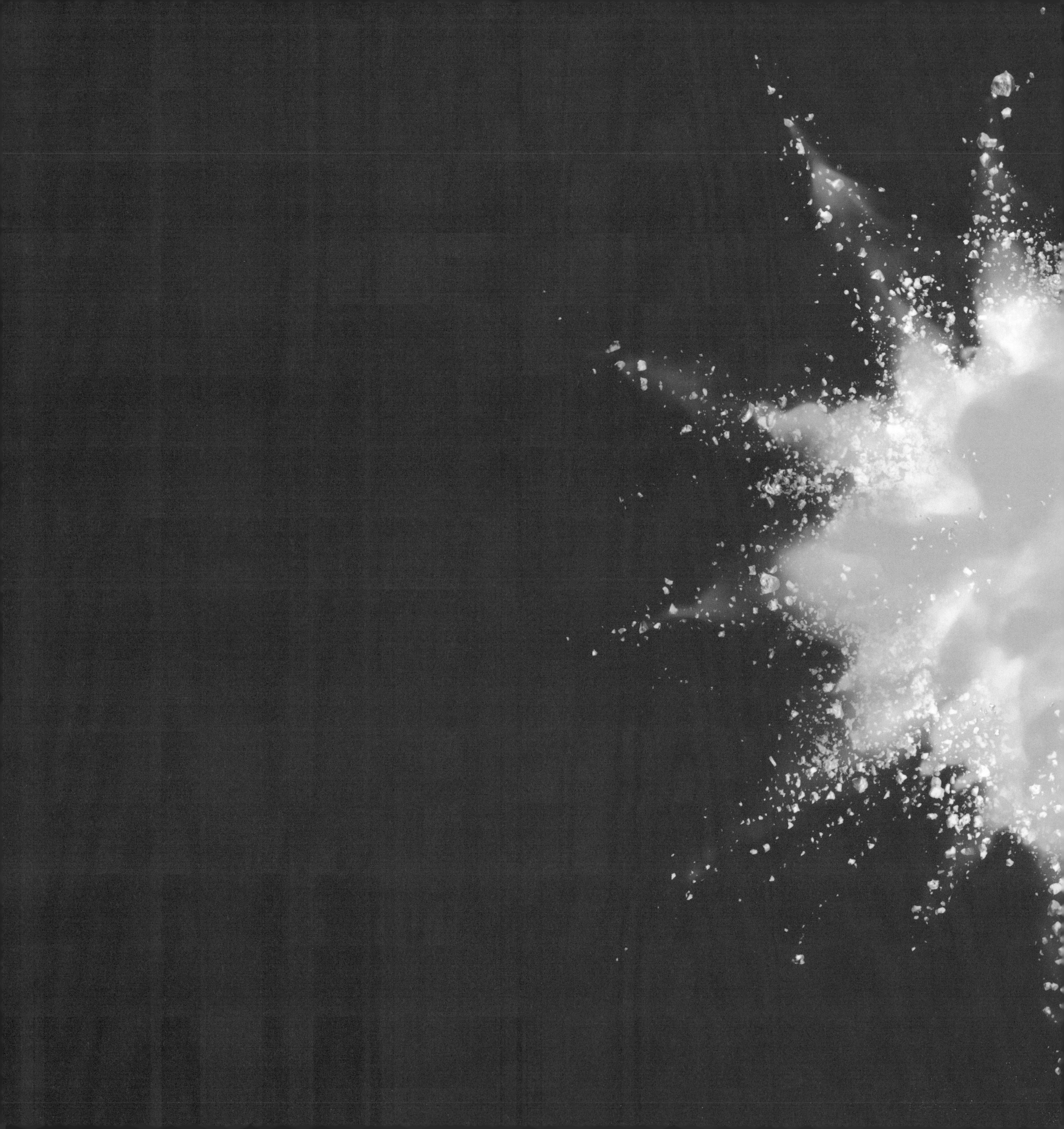

DEKLINATION DER TOMATE

FACETTEN IN FORM UND FARBE

Tomaten sind nicht nur ein alltägliches Lebensmittel, sondern je nach Zubereitung auch ein universell einsetzbarer Umamiträger. Ob man aus ihnen pur eine Sauce zubereitet, getrocknete Tomaten oder Tomatenkonzentrat verwendet, ist nicht nur eine Frage des persönlichen Geschmacks, sondern stets auch eine der Idee von Textur, Farbe und Konsistenz des geplanten Tellers. Hier haben wir zur Illustration ein Dutzend unterschiedliche Formen der Tomate abgelichtet. Was möchte man machen? Welche Idee möchte man umsetzen? Wie viel Umamipotenzial soll die Tomate beisteuern? Möglichkeiten zeigen die hier versammelten Varianten auf.

TOMATENCOULIS

1 kg reife Tomaten
1 EL Olivenöl
1 Knoblauchzehe
Salz
20 ml heller Essig
10 g Zucker
Abrieb von ½ unbehandelten Orange

Die Tomaten mit kochendem Wasser überbrühen, kalt abschrecken, die Haut abziehen und das Fruchtfleisch in kleine Würfel schneiden. Das Olivenöl in einer Saucenpfanne erhitzen. Den Knoblauch schälen, fein hacken und darin andünsten. Die Tomatenwürfel zugeben und bei geringer Temperatur etwa 1 Stunde einkochen. Die Sauce mit Salz würzen. Mit Essig, Zucker und Orangenabrieb pikant abschmecken.

TOMATENSUGO

ZUTATEN FÜR 5–6 FLASCHEN À 0,5 L

2 kg Romatomaten
1 Knoblauchzehe
20 ml Olivenöl
Salz
Zucker

Die Tomaten schälen (siehe links) und halbieren. Den Knoblauch schälen. Das Öl in einem Topf erhitzen und den Knoblauch darin andünsten. Die Tomaten zufügen, mit Salz und Zucker würzen, aufkochen und ca. 5 Minuten ziehen lassen.

HALB GETROCKNETE TOMATEN

STANDZEIT: 8 STUNDEN

| 400 g kleine Kirschtomaten L'Amuse

Die Tomaten waschen, trocken tupfen und quer halbieren. Bei 56 °C im Dörrautomaten 8 Stunden trocknen.

GETROCKNETE ROMATOMATEN

STANDZEIT: 12 STUNDEN

| 1 kg Romatomaten

Die Tomaten waschen, trocken tupfen und längs halbieren. Bei 65 °C im Dörrautomaten 12 Stunden trocknen.

HALBGETROCKNETE TOMATEN VS GETROCKNETE TOMATEN

Im Unterschied zu getrockneten Tomaten eignen sich die halbgetrockneten Tomaten für den sofortigen Verzehr, z. B. in Salaten.

FERMENTIERTE TOMATEN

STANDZEIT: 4 WOCHEN, 5 TAGE

- 2 kg Fleischtomaten mit Grün
- 50 g Salz
- 10 g Zucker
- 30 ml Tomatenessig

Die Tomaten waschen und trocken tupfen. Anschließend einschneiden und andrücken. Mit den restlichen Zutaten vermengen, in einen Behälter geben, abdecken und 5 Tage bei 38 °C reifen lassen. Danach weitere 4 Wochen im Kühlschrank reifen lassen und dabei regelmäßig den Behälter bewegen, sodass die Tomaten mit dem Sud benetzt werden.

SCHOCKGEFROSTETE DATTELTOMATEN

ZERDRÜCKTE GEFROSTETE DATTELTOMATEN

Tipp: Für uns ist es spannend, die Datteltomaten genau dann zu verwenden, wenn sie ihren optimalen Reifepunkt erreicht haben. Durch Schockfrosten lässt sich ihr Aroma wunderbar konservieren. Durch einfaches Auftauen erhält man den reinen Tomatensaft dieser Frucht und damit einen wunderbaren Umami-Geschmack.

TOMATENMARK 3-FACH KONZENTRIERT

Tomaten lassen sich leicht zu Mark einkochen. Handelsübliches Tomatenmark ist in der Regel 2- oder 3-fach konzentriert.

TOMATENSAFT

Tipp: Tomatensaft eignet sich ohne viel Aufwand immer für eine schnelle Tomatensauce.

TOMATENFLOCKEN

Tipp: Tomatenflocken mit Meersalz – wahlweise ganz nach Geschmack mit Pfeffer oder Chili verfeinern – im Mörser zu Tomatensalz zerstoßen und wie ein Gewürz verwenden.

TOMATENSERUM

Damit kann man auch einen Tomatensalat abrunden. Unser Tomatenserum ist 15-fach konzentriert und verfügt über ein intensives, sehr angenehmes Tomatenaroma. Es ist ein Allrounder zum Abschmecken und ist bestens geeignet, die Zugabe von Salz zu reduzieren.

WEISSER TOMATENFOND

1 Zweig Thymian
½ Bund Basilikum
400 g Romatomaten
etwas Tomatenessig
Salz

Thymian und Basilikum waschen und trocken schütteln. Die Tomaten waschen und trocken tupfen. Alle Zutaten in einem Hochleistungsmixer (z. B. Thermomix) mixen und über Nacht durch ein Better Food Sieb laufen lassen. Den klaren Saft auffangen. Es sollen mindestens 200 ml sein. Würzig abschmecken.

MISO-PASTEN

SHIRO MISO
Reis Miso, jung, süßlich

AMA MISO
Miso, reifer, süßlich

AMA MUGI MISO
Gersten Miso, süßlich, kurz gereift
HATCHO MISO
100% Sojabohnen Miso, mindestens zwei Jahre gereift
KARA MUGI MISO
Gersten Miso, länger gereift
KICHERERBSEN MISO
AKA MISO
Reis Miso, gereift

GARNITUREN SALZE

Alle Salze können in einem wiederverschließbaren Gefäß mit Schraubverschluss oder Gummiring aufbewahrt werden.

FEIGENKAFFEE

KAFFEESALZ

9 g fein gemahlener Kaffee
100 g Salz

Beide Zutaten miteinander vermengen.

ALGENSALZ

40 g Wakame Algen
150 g Salz

Die Algen im Dörrautomaten trocknen und mithilfe einer Kaffeemühle fein mahlen. Mit dem Salz mischen.

UMAMISALZ

Produkt von Antoniewicz

Rindfleischextrakt und Salz gemischt

ZICHORIENGRANULAT

GRUNDREZEPTE

AGAR AGAR BASISMASSE

- 15 g Agar Agar
- 850 ml Wasser

Das Agar Agar in das Wasser einrühren und aufkochen. 2 Stunden kalt stellen und anschließend im Mixer auf höchster Stufe fein mixen. Vor der Verwendung passieren.

APFELBLÜTENSALZ

- 20 Apfelblüten
- 4 g grobes Salz

Die Apfelblüten waschen und trocknen. Mit dem Salz in ein Drahtbügelglas geben und verschließen. Das Glas regelmäßig schütteln. Nach 4 Wochen sind die Blüten verwendbar. Vor dem Servieren in kaltem Wasser entsalzen. Das Salz kann ganz oder fein gerieben verwendet werden.

ARGANÖLVINAIGRETTE

- 30 ml Weißweinessig 5% Säure
- 20 ml Arganöl
- 40 ml Haselnussöl
- 30 ml Geflügelfond
- Fleur de Sel

Die flüssigen Zutaten miteinander mischen und eine Vinaigrette herstellen. Mit Fleur de Sel würzig abschmecken.

ERBSENPULVER

- 40 g gefriergetrocknete Erbsen
- 5 g getrocknete Minze
- 5 g getrocknetes Koriandergrün

Alle Zutaten in einer Kräutermühle fein mahlen.

GRÜNER TEE

China Lung Ching, übersetzt »Drachenquelle«, ist einer der beliebtesten chinesischen Grüntees. Um die langen Blätter nicht zu zerstören, wird dieser Tee per Hand in großen Pfannen bei ca. 80 °C getrocknet. Sehr leichte, weiche Tasse, süßfruchtig mit blumigem Charakter und dem unvergleichlichen Unterton des Grüntees.

HOLUNDERBLÜTENESSIG-VINAIGRETTE

- 40 ml Holunderblütenessig
- 60 ml Rapsöl
- 60 ml Wwasser
- 2 ml Tomatenserum Push (s. S. 151)
- 8 g Basic Textur (s. S. 151)
- 15 ml Holunderblütensirup
- 5 g Salz

Die Zutaten (ohne Salz) miteinander mischen und eine Vinaigrette herstellen. Mit Salz würzig abschmecken.

KAFFEEÖLVINAIGRETTE

- 30 ml Weißweinessig 5% Säure
- 20 ml Kaffeeöl
- 40 ml Mandelöl
- 30 ml Geflügelfond
- Fleur de Sel

Die flüssigen Zutaten miteinander mischen und eine Vinaigrette herstellen. Mit Fleur de Sel würzig abschmecken.

LIMETTENVINAIGRETTE

- Saft und abgeriebene Schale von 1 unbehandelten Limette
- 20 ml Bitter Lemon
- 30 ml Limonenöl
- 30 ml Erdnussöl
- Salz

Die Zutaten außer Salz miteinander mischen und eine Vinaigrette herstellen. Mit Salz abschmecken.

OLIVENSALZ

- 50 g getrocknete Oliven
- 100 g grobes Salz

Beide Zutaten miteinander vermengen.

ORANGENSALZ

- breite Zesten von 1 unbehandelten Orange
- 100 g Salz

Die Zesten mit dem Salz vermengen und bei 400 Watt 15 Sekunden in die Mikrowelle stellen.

SESAMVINAIGRETTE

30 ml Gemüsefond
20 ml ungeröstetes Sesamöl
20 ml Reisessig
etwas Rohrzucker
5 g geröstete Sesamsaat
Salz

Aus den Zutaten eine Vinaigrette rühren und würzig mit Salz abschmecken.

SPECKÖL

100 ml Rapsöl
50 g Speck in Scheiben

Das Öl mit den Speckscheiben in einem Topf auf 60 °C erwärmen. Den Topf vom Herd nehmen und das Öl mindestens 3 Stunden ziehen lassen. Anschließend durch ein Sieb gießen. Das Specköl in einem Behälter mit Schraubverschluss aufbewahren.

UMEBOSHI-PFLAUMEN

4 Pflaumen
40 g grobes Meersalz
6 Shisoblätter

Die Pflaumen mit dem Salz und Shisoblättern in ein Drahtbügelglas schichten. Im Kühlschrank lagern und alle 2 Tage wenden. Nach 4 Wochen sind die Pflaumen fermentiert. Je nach Bedarf jetzt etwas wässern und vakuumieren.

VANILLEPULVER

getrocknete Vanillestangen ohne Mark

Die Vanillestangen fein mahlen. Das Pulver in einem verschließbaren Gefäß aufbewahren.

WEISSWEINESSIGVINAIGRETTE

30 ml Weißweinessig 5% Säure
20 ml Olivenöl
40 ml Rapsöl
30 ml Geflügelfond
Fleur de Sel

Die flüssigen Zutaten miteinander mischen und eine Vinaigrette herstellen. Mit Fleur de Sel würzig abschmecken.

YUZUCREME / YUZUGEL

20 ml Yuzusaft
20 ml Bitter Lemon
50 g Agar Agar Basismasse (s. S. 150)

Alle Zutaten zu einer cremigen Masse verrühren und fein passieren.

KAUFPRODUKTE:

Kaffeeöl Eigenmarke Antoniewicz (www.antoniewicz.org)
Umamisalz Eigenmarke Antoniewicz (www.antoniewicz.org)
Tomatenserum Umami Eigenmarke Antoniewicz (www.antoniewicz.org)
Tomatenserum Push Eigenmarke Antoniewicz (www.antoniewicz.org)
Beef Umami Rindfleischextrakt Eigenmarke Antoniewicz (www.antoniewicz.org)

Senföl z. B. von Wiberg (www.wiberg.eu/de)
Koji Marinade
Lupinenmiso auch von Mimi Ferments (www.mimiferments.com)
Shiromiso
Kichererbsenmiso
Komemiso
Kojimiso
Lachsmiso

Alle Misopasten z. B. von Schwarzwald-MISO (www.schwarzwald-miso.de)

Basic Textur z. B. von Herbafood

GLOSSAR

Baharat ein sehr pikantes Basis-Grillgewürz, das sehr gut geeignet ist für alle Fleischsorten, Geflügel sowie Gemüse, Grill- und Bratkartoffeln, Tomatensauce, Eintöpfe und Reis. Bitte vorsichtig dosieren!

Bamboo Charcoal ein Pflanzenfarbstoff aus Bambus. Er wird in Asien häufig für Hamburger Buns verwendet und ist nach dem Erhitzen farbstabil.

Calamansisaft Die Calamansi ist eine Kreuzung aus einer Mandarinen- und einer Kumquatart. Die Calamansifrucht schmeckt süßsauer.

Cascara Tee aus den Schalen und dem Fruchtfleisch der Kaffeekirschen. Der bernsteinfarbene Aufguss schmeckt nach frischer Orange und Hagebutte und die sanfte Süße erinnert an milden Honig. Diese sorgt auch für die Vollmundigkeit und den angenehmen Abgang des Tees. Cascara schmeckt pur sowie mit ein wenig Honig und einem Spritzer Zitrone verfeinert.

Djah Oftadeh bedeutet im Persischen »genau getroffen«. Eine Gewürzmischung, die besonders gut zu Geflügel und Thunfisch sowie Gemüse oder Reis passt.

Ducca vielseitige äthiopische Gewürzmischung mit nussigem Aroma. Zum Würzen und Braten von Fischfilets (z.B. Dorade oder Seeteufel), Kalb, Linsen und Geflügel bestens geeignet.

Iota ist ein äußerst ergiebiges, pflanzliches Geliermittel, das aus Rotalgen gewonnen wird. Mit Iota können hochelastische, weiche Gelees (custardähnliche Konsistenz) hergestellt werden, insbesondere Cremes aus Milchprodukten und zarte Fruchtgelees. Zum Einfrieren geeignet.

Kala Namak Das Gewürz Kala Namak wird in Verbindung mit Flüssigkeit schwarz, wie z.B. auf einer Gurkenscheibe. Man würzt damit sparsam Süßspeisen, Obstsalat und Chutneys. Erst nach dem Kochen einsetzen. Der gewünschte Geschmack wird bereits mit kleinen Mengen erreicht. Eine indische Spezialität!

Liquid Flavour ist ein flüssiges Würzmittel, das ausschließlich aus naturbelassenen Komponenten hergestellt wird. Es hebt und potenziert das Eigenaroma aller Speisen und unterstützt damit den Umami-Geschmack. Im Mund erzeugt es das Gefühl von Kokumi, zu vergleichen mit Mundfülle. Universell einsetzbar – unterstreicht Aromenharmonien besonders gut und der Salzgehalt in den Speisen kann damit um ein erhebliches Maß reduziert werden.

Nigella Schwarzkümmel, der gerne auf Fladenbroten zum Einsatz kommt und auch als Öl erhältlich ist.

Peteh Bean Seed frische Bohnen (erhältlich im Asia-Laden), die nach dem Kochen etwas bitter schmecken und wegen ihrer Größe in Asien sehr beliebt sind. Alternativ können auch große weiße Bohnen verwendet werden.

Sugo Bergamotte Das ätherische Öl der Bergamotte riecht zitronenartig frisch und dennoch würzig mit ganz eigenem Charakter. Man kennt es vom Earl Grey Tea, der mit Bergamotte aromatisiert ist. In der Küche ist Bergamotte geeignet als Basis für Salatsaucen, zum Abrunden oder Akzentuieren von Cremesaucen, als Fisch- oder Fleischmarinade, zum Backen und für die Bar!

Tempeh Starter ein Pilz (Rhizopus oligosporus), der auf Reismehlbasis hergestellt wird.

Tosazusauce typische japanische Würzsauce. Der Geschmack von Tosazu ist sehr komplex, voller Umami und mit leichter Säure.

Vadouvan wunderbare indische Gewürzspezialität aus fermentiertem Gemüse und Gewürzen; zum Aromatisieren von Reis, Kartoffel- und Wokgerichten. Sehr selten!

Yuzu Kosho japanische Gewürzpaste aus Yuzu (japanische Zitrusfrucht), Salz und Chilipfeffer.

UMAMI: WARUM DER FÜNFTE GESCHMACK UNSEREM KÖRPER GUTTUT

Von Dr. Michael Podvinec

Im Grunde sind wir alle Umami-Junkies. Angefixt von Kindesbeinen an, lernen wir Umami in einem Kontext von Wohlsein, Geborgenheit und Liebe kennen. Denn menschliche Muttermilch enthält eine auffallend hohe Dosis an Glutamat, der Aminosäure, die den Umami-Geschmack auslöst. Starke positive Konnotationen prägen also unseren Erstkontakt mit dem fünften Geschmack. Doch es ist nicht so, dass wir den Umami-Geschmack mögen, weil er uns an unsere geborgensten Stunden erinnert. Vielmehr zeigen bereits wenige Stunden alte Neugeborene ganz klare positive Gesten in Reaktion auf wässrige Lösungen, die süß oder Umami schmecken. Bitter oder sauer hingegen werden mit einem Gesichtsausdruck des Ekels quittiert. Das zeigt, dass unsere Geschmackssensoren bereits kurz nach der Geburt ihre analytische Arbeit aufnehmen.

Entwicklungsgeschichtlich betrachtet, befähigen uns unsere Sinne (und nicht nur die beiden vorher erwähnten – auch das Auge, das Ohr und der Tastsinn essen bekanntlich mit*), nahrhaftes, energiereiches Essen von anderen Dingen zu unterscheiden, die uns nicht nützen oder gar schädlich sein könnten. Pflanzen haben beispielsweise Gifte und Bitterstoffe entwickelt, die verhindern sollen, dass sie von Tieren und Menschen verzehrt werden. So sind unser Geruchs- und Geschmackssinn ganz pragmatisch eine Art Lebensmittelkontrolle, sie wirken als Sensoren für die Qualität und Eignung des Lebensmittels. Gleichermaßen ist hier aber auch bereits die Wurzel des Genusses gepflanzt. Denn die Signale, welche die Geschmacksrezeptoren für süß und auch für Umami in unser Gehirn schicken, sind stark mit positiven, lustvollen Empfindungen verknüpft. Es ist also eine Überlebensstrategie des Körpers, dafür zu sorgen, dass uns nährstoffreiches Essen gut schmeckt.

Umami als Geschmack findet sich vorwiegend in proteinreichen Lebensmitteln. Wenn wir Lebensmittel mit dieser Geschmacksnote bevorzugen, ist das ganz fundamental eine gute Sache, denn sie sind für unseren Körper wertvoll. Die Proteine in der Nahrung werden im

---

* Das Geräusch, das ein Lebensmittel beim Essen macht, prägt unsere Empfindung von Knusprigkeit und Knackigkeit (und somit implizit »Frische«) deutlich mit. Da gibt es eine berühmte Studie (von Prof. Charles Spence im Crossmodal Lab, Oxford), die zeigt, dass Testpersonen den Crunch eines Kartoffelchips anders bewerten, wenn das Geräusch durch Kopfhörer ausgelöscht bzw. verstärkt wird). Wir wissen auch, dass eine konstante Geräuschkulisse auf die anderen Sinne einwirkt, z. B. wird die Wahrnehmung von salzig durch Hintergrundrauschen unterdrückt. Das »anschauliche Beispiel« zu dieser Thematik ist die Verpflegung im Flugzeug, wo es ja erheblich laut ist. Die Caterer in diesem Bereich gehen teilweise sogar auf das ein und würzen quasi »gegen den Lärm an«.

Magen-Darm-Trakt in ihre Bestandteile, in einzelne Aminosäuren zerlegt. Diese dienen uns als wichtige Nährstoffe und als Bausteine, aus denen unsere Zellen unsere Proteine aufbauen können.

Umami löst in uns aber nicht nur Wohlgefallen aus, die Wahrnehmung verursacht auch physiologische Veränderungen, die für eine optimale Verwertung der Speise sorgen. Schmecken wir Umami, läuft uns sprichwörtlich das Wasser im Mund zusammen. Dieser lang anhaltende, erhöhte Speichelfluss verbessert die Nahrungsaufnahme. Auch im Verdauungstrakt haben wir Glutamat-Rezeptoren, die auf eintreffende Nahrung reagieren und die Ausschüttung von proteolytischen Enzymen hochfahren. Denn nur, wenn proteinreiche Nahrung vorhanden ist, müssen diese Enzymsysteme zum Spalten von Proteinen verfügbar sein. Und zu guter Letzt macht uns wahrgenommenes Umami auch länger anhaltend satt, denn die Prozesse, die die Verdauung anregen, bewirken auch, dass durch bessere Proteinspaltung mehr Nährstoffe aufgenommen werden.

WAS IST UMAMI?

Als der japanische Chemiker Kikunae Ikeda Anfang des 20. Jahrhunderts dem »köstlichen Geschmack« Umami auf den Grund ging, war er im festen Glauben, dass es sich hier um einen eigenen Geschmack handelt, der sich nicht als Mischung der anderen Geschmacksrichtungen definiert, sondern etwas ganz Eigenständiges ist. Durch chemische Extraktionsmethoden konnte er dem Auslöser dieses Geschmacks immer näher kommen und publizierte schließlich 1908 seine Resultate: Aus dem Seetang Kombu (Saccharina iaponica) konnte er kristallines Glutamat als Auslöser des Umami-Geschmacks isolieren.

Den Geschmack von Umami akkurat zu beschreiben, ist jedoch ein schwieriges Unterfangen und auf Deutsch behelfen wir uns oft mit sprachlichen Konstrukten, wie »fleischig-herzhaft«. Dies trifft den Kern der Sache nicht. Ikeda hat dieses Problem gelöst, indem er das japanische Wort Umami mit der Bedeutung Köstlichkeit gleich selbst geprägt und in seiner Publikation auch angemerkt hat, dass der Geschmack fein und schwierig zu charakterisieren ist.

... UND NACH WAS SCHMECKT UMAMI?

Wie oben gesagt, ist Umami der Geschmack proteinreicher Nahrung. Es gibt jedoch zwei Stoffklassen, die den Umami-Reiz auslösen. Die erste sind Aminosäuren bzw. ihre Salze, genauer: Glutamat und zu einem geringeren Anteil Aspartat. Proteine sind, egal ob sie tierischer oder pflanzlicher Herkunft sind, immer aus den gleichen 20 Aminosäuren als Bausteinen aufgebaut. Dabei sind die Aminosäuren wie die Anhänger an einem Bettelarmband nacheinander aufgereiht. Diese Kette ist dann noch räumlich verdreht und teilweise auch durch Zwischenverbindungen stabilisiert. So ergibt sich die dreidimensionale Molekülstruktur, die für die Funktion des Proteins entscheidend ist. Egal aber, um welches Protein es sich handelt, vom Leghämoglobin einer Erbse zum Serumalbumin des Menschen – es sind immer die gleichen 20 Aminosäure-Bausteine, aus denen es aufgebaut ist. Alle Lebensmittel, die proteinreich sind, sind also Umami-Träger. Denn sowohl tierische Proteine (11–22 %) als auch pflanzliche Proteine (40 %) enthalten einen überdurchschnittlich hohen Anteil an Glutamat. Solange es noch im Protein eingebaut ist, können wir Glutamat jedoch nicht schmecken. Dazu später mehr.

Freies Glutamat wird in den Geschmacksknospen unserer Zunge von drei spezifischen Rezeptortypen erkannt. Der wichtigste dieser Rezeptoren ist der T1R1/T1R3-Rezeptor. Dieser besteht aus zwei Untereinheiten, die aneinander gebunden sind. Die T1R1-Untereinheit ist dabei diejenige, welche das Glutamat erkennt. Die T1R3-Untereinheit hingegen hat dieser Rezeptor mit dem Rezeptor für das Süß-Empfinden gemeinsam – die beiden »positiven« Geschmackssinne weisen also auch eine molekulare Gemeinsamkeit auf.

GLUTAMAT, ABER NICHT NUR

Die zweite Stoffklasse, die den Umami-Reiz auslöst, sind die Ribonukleotide. Diese Nukleinsäuren sind ebenfalls für das korrekte Funktionieren unseres Körpers wichtig. Sie wurden erstmals 1913 von einem Schüler Ikedas als Mit-Auslöser des Umami-Reizes identifiziert. Ribonukleotide finden sich beispielsweise in Fleisch und Fisch – japanisch traditionell im Katsuobushi, aber auch in getrockneten Pilzen, wie dem Shiitake oder dem Steinpilz. Und da findet etwas ganz Spannendes statt. Kombiniert man nämlich Aminosäuren und Ribonukleotide in einer Speise, potenziert sich förmlich das Umami-Empfinden. Hier gilt 1+1 = 7 ... ein siebenfach stärkerer Reiz entsteht.

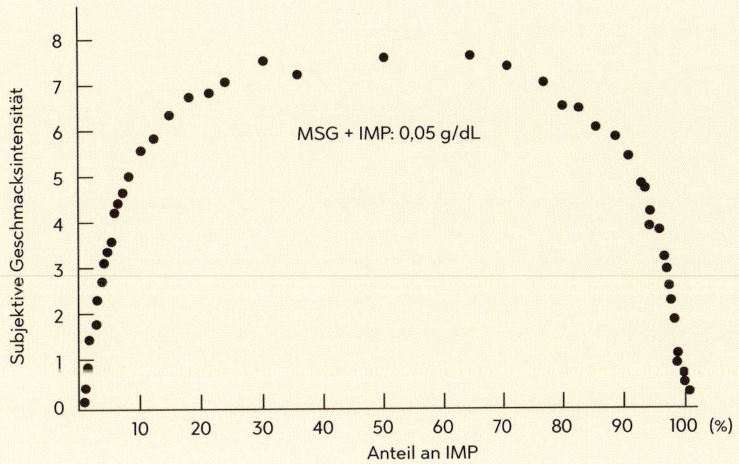

Der Zusammenhang zwischen Glutamat (MSG) und Inositolmonophosphat (IMP) bei der subjektiven Umami-Empfindung. Verschiedene Mischverhältnisse von GMP und IMP wurden auf ihre Geschmacksintensität hin bewertet. (Nach Yamaguchi & Ninomiya (2002): Umami and Food Palatability. The Journal of Nutrition 130(4) S. 921S)

Der Mechanismus, wie diese Interaktion funktioniert, wurde von den dänischen Forschern O.G. Mouritsen und H. Khandelia 2012 mittels struktureller Studien am Glutamatrezeptor untersucht. Dabei kann man sich sinnbildlich vorstellen, dass sich der Glutamatrezeptor in Anwesenheit eines Glutamatmoleküls wie eine Truhe um das Molekül schließt, und dies den Umami-Reiz auslöst. Ribonukleotide wirken dabei an einem anderen Teil des Rezeptors (sog. allosterisch) stabilisierend auf ihn ein. Es ist also, als würde der Truhendeckel nochmals zusätzlich mit einem Gewicht beschwert. Sind hingegen nur Ribonukleotide vorhanden, wird die geschlossene Stellung des Rezeptors etwas stabilisiert, was einen leichten Reiz auslöst.

Speisen, die Lebensmittel kombinieren, welche beide Stoffklassen beisteuern, lösen also ein starkes Umami-Signal aus. Nicht nur in der asiatischen Küche bei einer Kombu-Dashi mit Katsuobushiflocken, sondern durchaus in der klassischen, gutbürgerlichen Küche. Wenn ich einen Rinderbraten auf Wurzelgemüsewürfeln im Ofen schmore, dann ergibt die Kombination aus Fleisch, Karotten, Sellerie und Zwiebeln einen starken Umami-Geschmack. Auch in der

Lebensmittelindustrie ist die Kombination aus Natriumglutamat und Inosinmonophosphat oder Guanosinmonophosphat längst bekannt und im Einsatz.

GLUTAMIN ODER GLUTAMAT?
Die Begriffe Glutamat und Glutamin (oder genauer: Glutaminsäure) geistern beide durch die Literatur und durch die Köpfe der Menschen, die sich mit diesem »Geschmacksverstärker« befassen. Um der Verwirrung Einhalt zu gebieten, brauchen wir einen ganz kurzen Ausflug in die Chemie: Reden wir von der Aminosäure, dann heißt diese Glutaminsäure. In pH-neutraler Lösung hat die Säure aber ihr Proton (also ihren geladenen Wasserstoff verloren) und man redet vom Säureanion, dem Glutamat. Da Biochemie in der Regel in neutralen Lösungen abläuft, verwenden Biochemiker oft das Wort Glutamat, sogar wenn sie Glutamin meinen. Will man das Anion der Glutaminsäure aus der Lösung entfernen, kann man es mit einem positiv geladenen Natriumion zu Natriumglutamat (englisch: monosodium glutamate, MSG) aussalzen. In dieser Form wird die Substanz normalerweise aufgereinigt und als Würzmittel verwendet.

Fazit: Beide, sowohl Glutaminsäure als auch Glutamat, lösen den Umami-Reiz gleichermaßen aus, allerdings mit einem anderen Nebengeschmack. Glutaminsäure schmeckt leicht sauer und Natriumglutamat leicht salzig.

WIE KOMMT DAS GLUTAMAT IN DIE LEBENSMITTEL?

Wichtig zu wissen ist, dass es das freie Glutamat ist, welches den Umami-Reiz auslöst. Ist das Glutamat als Aminosäure Bestandteil eines Proteins, dann entfaltet es seine Wirkung nicht. Um den Umami-Geschmack auszulösen, müssen die Aminosäureketten der Proteine in ihre Bestandteile gespalten werden. Das passiert häufig durch enzymatische Abbaureaktionen im Lebensmittel oder durch die Wirkung von Mikroorganismen (Fermentation). So nimmt der Umami-Gehalt bei der Reifung von Fleisch oder Trockenschinken stark zu, aber auch bei der Fermentation von Milchprodukten. Genauso bei anderen Fermentationsprodukten, wie Sojasauce, aber auch bei Sake und manchen Bieren. Bei der Reifung von Käse steigt innerhalb von acht Monaten das freie Glutamat um das Achtzehnfache an, die Reifung eines Jamón Iberico führt sogar zu einer Versechzigfachung des verfügbaren Glutamats. Spannend ist auch Shiokoji: Diese Mischung aus Salz und dem Koji-Pilz (Aspergillus orizae) wird in Japan zum Pickeln von Gemüse verwendet. Schon nach ein paar Stunden haben die Enzyme im Kojipilz das Gemüse so weit verändert, dass es eine starke Umami-Note bekommt.

Es gibt aber auch Lebensmittel, die schon frisch eine große Menge an Glutamat enthalten, wie eine reife Tomate. Weitaus am meisten findet sich übrigens in der Placenta, dem weichen, gelartigen Fruchtfleisch, das die Kerne umgibt. Noch höher ist der Glutamatgehalt von Tamarillos, einem der Tomate verwandten Nachtschattengewächs aus Südamerika. Aber auch in anderen Gemüsen, wie Karotten, Sellerie, Zwiebeln und Lauch findet sich freies Glutamat.

NATÜRLICH ODER KÜNSTLICH?
Was ist nun besser? Natürliches Umami aus authentischen, glutamatreichen Lebensmitteln? Oder das Umami aus den glänzenden Glutamatkristallen? Für den Biochemiker gibt es erstmal keinen Unterschied. Das Molekül ist dasselbe, egal, woher es kommt. Dennoch schmeckt der erfahrene Koch einen Unterschied im Gericht. Setzt er auf Natriumglutamat, dann hat das Resultat oft eine Geschmacksspitze, einen im zeitlichen Ablauf der Aromenentwicklung im Mund stark begrenzten Umami-Höhepunkt, nach dem die Wahrnehmung stark abfällt. Anders beim Einsatz von Umami aus Lebensmitteln. Der Geschmackseindruck ist tiefer und länger anhaltend. Es ist ein wenig wie der Unterschied zwischen dem Aroma echter Vanille und dem von Vanillin, ähnlich gewiss, jedoch wesentlich plastischer und komplexer. Ein Grund dafür sind die Umami-Peptide, die den Umami-Effekt zu modulieren vermögen. Ein weiterer ist die zusätzliche komplexe Aromatik, die durch die umamireichen Lebensmittel in das Gericht gebracht werden. Das erklärt den Unterschied zwischen Umami aus den Glutamatkristallen und Umami aus getrockneten Pilzen und Tomaten.

UMAMI UND DIE ANDEREN SINNE

Seit seiner Entdeckung bereichert Umami als der fünfte Geschmackssinn unser Wissen um den Wohlgeschmack. Doch der Umami-Sinn steht nicht alleine und Lebensmittel sind komplexe Mischungen verschiedenster Moleküle. Es erstaunt also kaum jemanden, dass die Interaktionen zwischen Molekülen, Rezeptoren und Sinnesempfindungen vielschichtig sind. Dass also der Umami-Geschmack durch Glutamat ausgelöst und durch Ribonukleotide potenziert wird, ist nur ein Teil der Geschichte. Gleichzeitig verstärken die Ribonukleotide Inositolmonophosphat (IMP) und Guanosinmonophosphat (GMP) auch die Empfindung von Süß, ohne selbst süß zu schmecken. Und Adenosinmonophospat (AMP), das ebenfalls Umami zu potenzieren vermag, schmeckt selbst leicht süß. Wird Glutamat als Natriumsalz eingesetzt, wird das Natriumion immer auch einen gewissen Salzigkeitsreiz auslösen. Darüber hinaus wirkt das Umami-Empfinden auch in gewisser Weise als Salzersatz. Sensorikstudien haben gezeigt, dass die Zugabe von Glutamat es ermöglicht, Lebensmittel weniger stark zu salzen. Auch dies ein Grund, weshalb die Lebensmittelindustrie Glutamat seit Langem einsetzt: um den Salzgehalt bei Fertiggerichten zu senken.

Umami hat auch einen Einfluss auf die Wahrnehmung von Gerüchen. Studien haben gezeigt, dass der Geruch von Hühnerbrühe beispielsweise als stärker empfunden wird, wenn den Probanden gleichzeitig eine wässrige Glutamatlösung auf die Zunge getropft wird. Das geht aber nur bei kongruenten Gerüchen. Das heißt, nur Gerüche, die zu umamireichen Speisen passen, werden verstärkt.

Weiter müssen wir uns darüber im Klaren sein, dass in dem Molekülwirrwarr in einem Lebensmittel Umami nicht nur durch freies Glutamat ausgelöst wird. Auch kurze alanin- und glutamatreiche Proteinfragmente, die sogenannten Umami-Peptide, die beispielsweise durch enzymatische Proteinspaltung in Sojasauce entstehen, modulieren die Umami-Empfindung. Eine Studie, in der chinesische Sojasauce in ihre kleinsten Bestandteile zerlegt und anschließend von Probanden getestet wurden, konnte zeigen, dass sich darunter Peptide finden, die für sich genommen säuerlich schmecken und adstringent wirken, aber den Umami-Reiz in der Anwesenheit von Glutamat verstärken und vertiefen. Solche Umami-Peptide sind auch in anderen Lebensmitteln gefunden worden und vermutlich ein Teil der Antwort, warum natürlich vorkommendes Umami intensiver wirkt als das, das durch alleinige Zugabe von Glutamat erreicht wird.

Zu guter Letzt soll noch ein weiterer japanischer Geschmacksbegriff gestreift werden: Kokumi. Innerhalb des mitteleuropäischen Erfahrungshorizonts lässt sich Kokumi vermutlich am einfachsten durch das Gefühl der Mundfülle einer Bohnensuppe beschreiben. Diese Wahrnehmung, denn es ist eher ein Gefühl als ein eigentlicher Geschmack, wird durch Gamma-Glutamyl-Peptide ausgelöst, die beispielsweise in Knoblauch, aber eben auch in Bohnen vorkommen. Diese Empfindung hängt eng mit Umami zusammen und Umami seinerseits verstärkt wiederum die Empfindung von Kokumi.

WO FINDEN SICH DIE UMAMI-AUSLÖSER?

Das Wissen, das Glutamat und Ribonukleotidmonophosphate die Schlüsselmoleküle für Umami sind, legt einen wissenschaftlich geleiteten Ansatz nahe: Wenn bekannt ist, welche Lebensmittel wie viel dieser Moleküle enthalten, dann kann man damit experimentieren. So, wie die japanische Grundzutat Dashi entweder Kombu und Bonitoflocken (Glutamat + IMP) oder Kombu und Shiitake-Pilze (Glutamat + GMP) für den vollen Umami-Effekt kombiniert, lassen sich auch andere Lebensmittel kombinieren, besonders wenn man weiß, wie viel dieser Schlüsselmoleküle sie enthalten. So kann man seine Umami-Bomben selbst nach Lust und Laune heraussuchen und in Rezepte integrieren.

In der Grafik findet sich eine Auswahl von Lebensmitteln, dargestellt nach der Menge der in ihnen enthaltenen Ribonukleotide und des freien Glutamats. Für das Glutamat sind in der wissenschaftlichen Literatur wesentlich mehr Messwerte vorhanden, aus diesem Grund finden sich diese Lebensmittel separat dargestellt. Für Lebensmittel, bei denen beide Stoffklassen gemessen wurden, erlaubt die Darstellung im Koordinatennetz einen schnellen Überblick, welche Lebensmittel welche Umami-Quelle mit sich bringen. ■

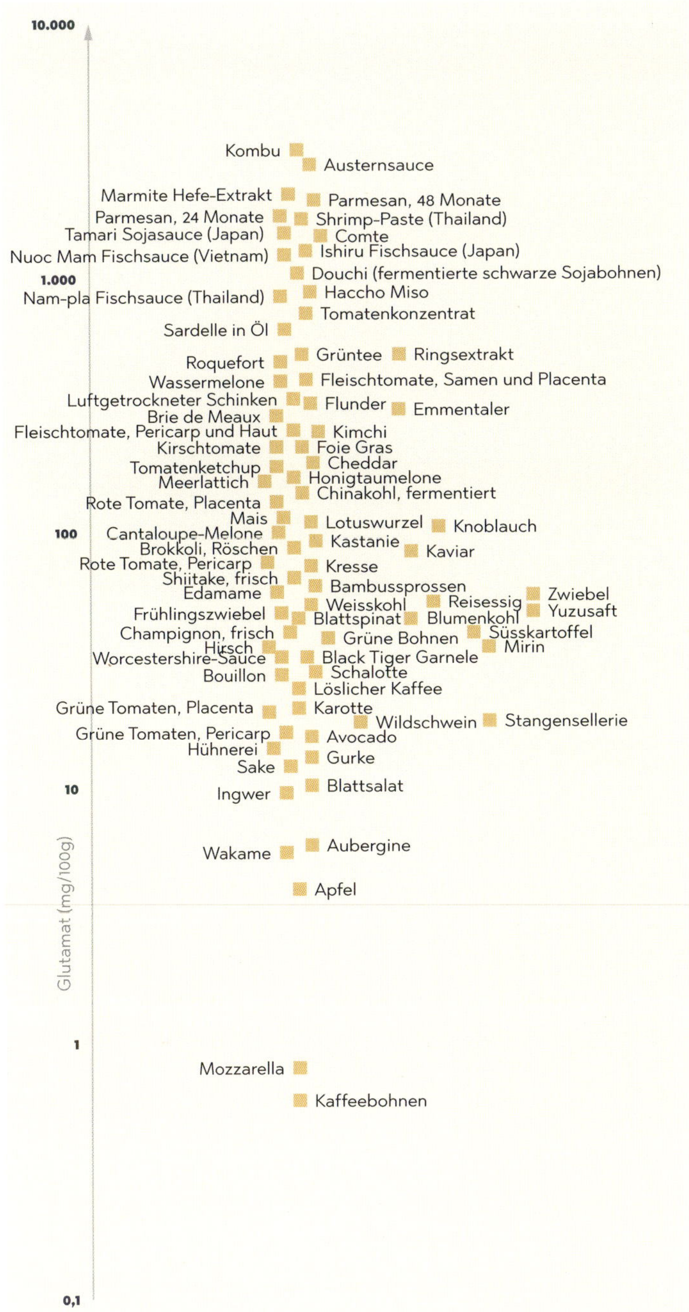

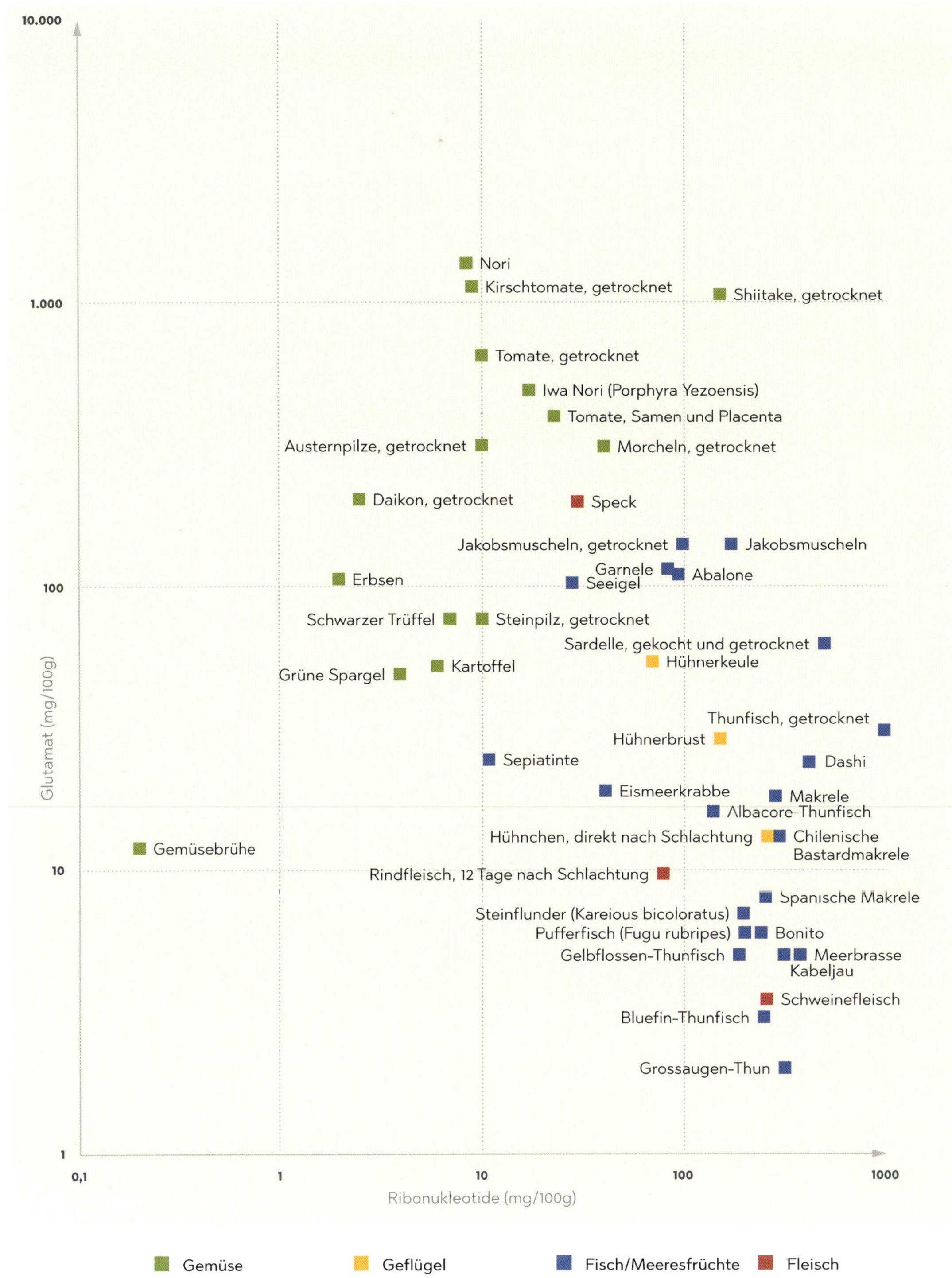

Messwerte: Umami Database: http://www.umamiinfo.com/umamidb

IMPRESSUM

Die Reihenfolge der Namen hat nichts mit Wertigkeit zu tun, sondern ist so beim Darüber-Nachdenken entstanden, denn alle haben mit Herzblut an diesem Projekt mitgewirkt!!

Vielen Dank also an:
Thorsten kleine Holthaus für seine einzigartige Fotografie.
Nikolai Wojtko, der alles so wunderbar zusammengetragen hat!
Michael Podvinec als ständiger Sparringspartner und professioneller Ratgeber.
Adrien Hurnungee für den andauernden kollegialen Austausch.
Anna Haunschild aus meinem Team, die mich in allen Dingen unterstützt.
Otto Gourmet für den qualitativen Austausch.
Bosfood immer wieder für einfach alles.
Verstegen für die richtige Würze.
Gourmet Connection für die japanischen Zutaten.
Markus Shimizu für die Miso Pasten.
Mount Everest Tea für das »andere« Umami.
Uwe Strzelecki für die wertvolle Unterstützung in der Küche.
Harald Becker in seiner Position als Direktor der WIHOGA Dortmund, für seine Unterstützung, durch die wir die Produktion so ungestört durchführen konnten.
Sabine Krogemann, meine Liebe, die immer an meiner Seite steht.

Adrien Hurnungee

UMAMI **Heiko Antoniewicz**

Herausgeber Ralf Frenzel

© 2018 Tre Torri Verlag GmbH Wiesbaden

www.tretorri.de

Idee, Konzeption und Umsetzung
Tre Torri Verlag GmbH Wiesbaden

Gestaltung **Guido Bittner** Wiesbaden
Fotografie **Thorsten kleine Holthaus** Düsseldorf
Mit Texten von **Dr. Michael Podvinec** und **Dr. Nikolai Wojtko**
Reproduktion **Lorenz & Zeller** Inning am Ammersee

Printed in Italy
ISBN 978-3-96033-044-8

Haftungsausschluss
Die Inhalte dieses Buchs wurden von Herausgeber und Verlag sorgfältig erwogen und geprüft. Dennoch kann eine Garantie nicht übernommen werden. Die Haftung des Herausgebers bzw. des Verlags für Personen-, Sach- und Vermögensschäden ist ausgeschlossen. Für Überarbeitungen und Ergänzungen der vorliegenden Auflage besuchen Sie uns unter: www. tretorri.de.

Literaturverzeichnis:

Dunkel, A., Köster, J., & Hofmann, T. (2007). Molecular and Sensory Characterization of γ-Glutamyl Peptides as Key Contributors to the Kokumi Taste of Edible Beans (Phaseolus vulgaris L.). Journal of Agricultural and Food Chemistry, 55(16), 6712–6719. https://doi.org/10.1021/jf071276u

Maruyama, Y., Yasuda, R., Kuroda, M., & Eto, Y. (2012). Kokumi Substances, Enhancers of Basic Tastes, Induce Responses in Calcium-Sensing Receptor Expressing Taste Cells. PLoS ONE, 7(4), e34489. https://doi.org/10.1371/journal.pone.0034489

Fuke, S., & Ueda, Y. (1996). Interactions between umami and other flavor characteristics. Trends in Food Science & Technology, 7(12), 407–411.

Kim, M. J., Son, H. J., Kim, Y., Misaka, T., & Rhyu, M.-R. (2015). Umami–bitter interactions: The suppression of bitterness by umami peptides via human bitter taste receptor. Biochemical and Biophysical Research Communications, 456(2), 586–590. https://doi.org/10.1016/j.bbrc.2014.11.114

Mouritsen, O. G., & Khandelia, H. (2012). Molecular mechanism of the allosteric enhancement of the umami taste sensation: Dynamics of the umami receptor. FEBS Journal, 279(17), 3112–3120. https://doi.org/10.1111/j.1742–4658.2012.08690.x

Ninomiya, K. (1998). Natural occurrence. Food Reviews International, 14(2–3), 177–211. https://doi.org/10.1080/87559129809541157

Ninomiya, K. (2002). Umami: a universal taste. Food Reviews International, 18(1), 23–38. https://doi.org/10.1081/FRI-120003415

Oruna-Concha, M.-J., Methven, L., Blumenthal, H., Young, C., & Mottram, D. S. (2007). Differences in Glutamic Acid and 5'-Ribonucleotide Contents between Flesh and Pulp of Tomatoes and the Relationship with Umami Taste. Journal of Agricultural and Food Chemistry, 55(14), 5776–5780. https://doi.org/10.1021/jf070791p

Yamaguchi, S., & Ninomiya, K. (2000). Umami and food palatability. The Journal of Nutrition, 130(4), 921S–926S.

Zhang, F., Klebansky, B., Fine, R. M., Xu, H., Pronin, A., Liu, H., ... Li, X. (2008). Molecular mechanism for the umami taste synergism. Proceedings of the National Academy of Sciences, 105(52), 20930–20934. https://doi.org/10.1073/pnas.0810174106